梅原猛

京都発見

三 洛北の夢

新潮社

京都発見 三 洛北の夢●——目次

八瀬の里のものがたり

語り部・小野氏を追う

大原、念仏の里

仏と鬼と神と……

編集協力およびエディトリアル・デザイン　エディシオン・アルシーヴ
史料訓読　坂井輝久

案内人《あないにん》・脚註執筆……西川照子
カバーおよび本文写真撮影・キャプション執筆……井上隆雄
カバー写真……八瀬天満宮秋祭「赦免地踊」より
地図制作……綜合精図研究所
装幀……新潮社装幀室

京都発見 三 洛北の夢

志賀町
和邇
9
小野神社（摂社・篁神社）
9 小野道風神社（摂社・樹下神社）
9 小野妹子墓
小野
光明寺（普門）
途中越
477
26
古知谷阿弥陀寺
10 11 19 20
22～26
大原
寂光院 25
22
勝林院
19
音無の滝
19
三千院・往生極楽院
来迎院 20
23
24
草生町
乙が森
10 野村町
文神社
上野町
井出町
花尻橋
367
瓢箪崩山
532
真野町
堅田
琵琶湖大橋
滋賀県
堅田町
仰木町
湖西線
湖西道路
雄琴
161
奥比叡ドライブウェイ
三石岳
676
大津市
3～5
八瀬天満宮
鬼ヶ洞
黒谷青龍寺
1～8
8
八瀬
8
延暦寺
5
日吉大社
坂本
坂本
比叡山坂本
比叡山
848
京福電鉄ケーブル
比叡ロープウェイ
比叡山ケーブル
延暦寺
八瀬遊園
上高野
比叡山頂
松の馬場
京阪石山坂本線
琵琶湖
穴太
唐崎
比叡山ドライブウェイ
滋賀里
南滋賀
浄土寺
近江神宮前
西大津
皇子山
別所
三井寺
浜大津
島ノ関
上栄町
石場
山科区
草津市
0 1000 2000 3000m
N
京都市北部

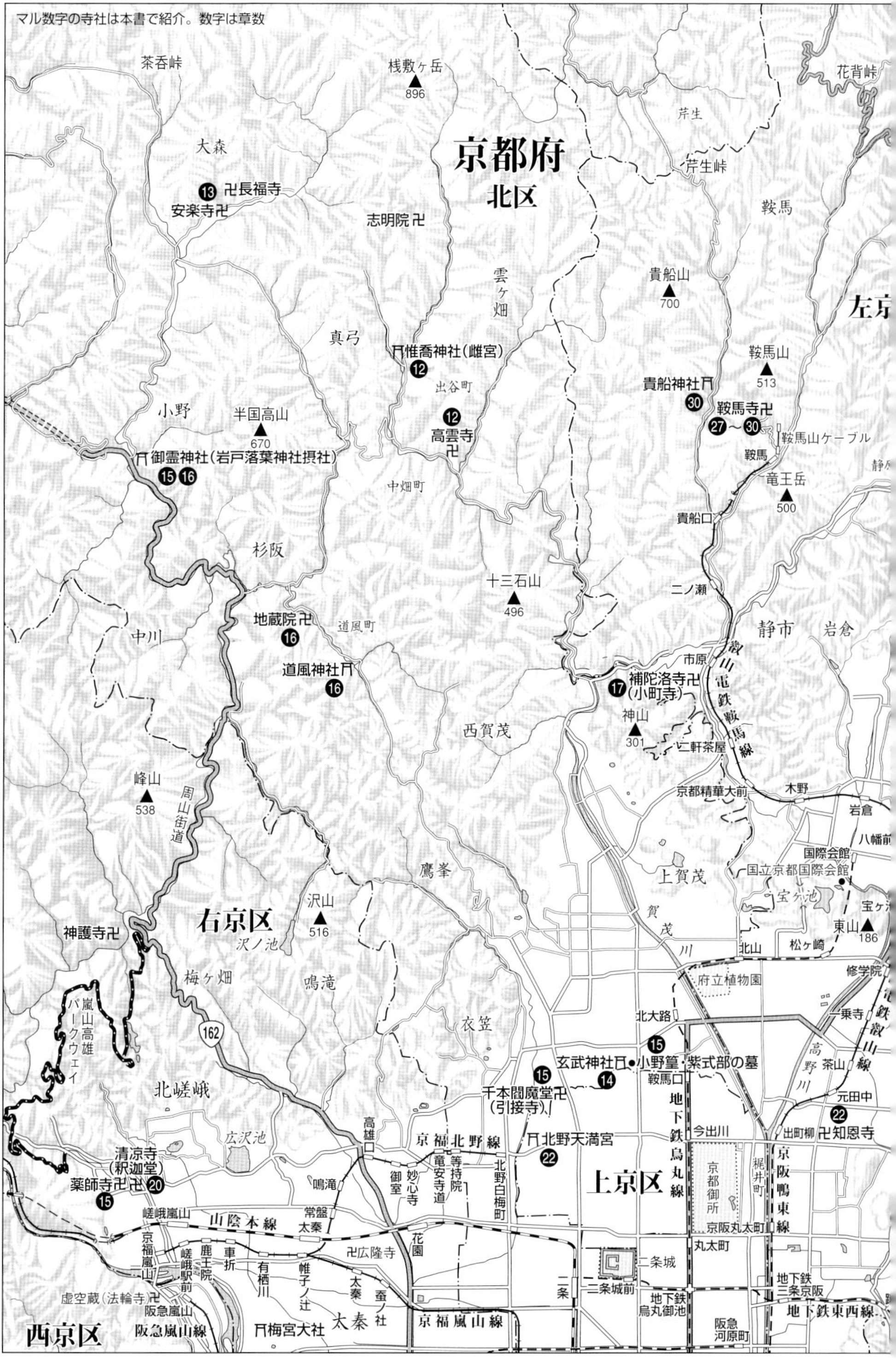
マル数字の寺社は本書で紹介。数字は章数
茶呑峠
桟敷ヶ岳
896
花背峠
芹生
大森
京都府
北区
芹生峠
13 卍長福寺
安楽寺卍
志明院卍
鞍馬
雲ヶ畑
貴船山
700
左京
真弓
⛩惟喬神社（雌宮）
12
出谷町
鞍馬山
513
貴船神社⛩
30
小野
半国高山
670
12
高雲寺
卍
鞍馬寺卍
27〜30
鞍馬山ケーブル
⛩御霊神社（岩戸落葉神社摂社）
15 16
鞍馬
竜王岳
500
中畑町
貴船口
杉阪
十三石山
496
二ノ瀬
地蔵院卍
16
道風町
静市
岩倉
中川
市原
道風神社⛩
16
補陀洛寺卍（小町寺）
17
叡山電鉄鞍馬線
八
神山
301
西賀茂
二軒茶屋
峰山
538
周山街道
京都精華大前
木野
岩倉
八幡前
国際会館
国立京都国際会館
上賀茂
鷹峯
宝ヶ池
沢山
516
右京区
沢ノ池
賀茂川
宝ヶ池
東山
186
神護寺卍
北山
松ヶ崎
府立植物園
修学院
梅ヶ畑
鳴滝
嵐山高雄パークウェイ
叡山電鉄叡山線
北大路
一乗寺
衣笠
162
高野川
15
茶山
玄武神社⛩・小野篁・紫式部の墓
15
14
鞍馬口
北嵯峨
千本閻魔堂卍（引接寺）
地下鉄烏丸線
元田中
22
出町柳卍知恩寺
高雄口
京福北野線
⛩北野天満宮
22
今出川
広沢池
清凉寺（釈迦堂）
薬師寺卍卍
20
15
御室
妙心寺
竜安寺道
等持院
北野白梅町
上京区
京都御所
梶井町
京阪鴨東線
鳴滝
常盤
太秦
嵯峨嵐山
山陰本線
京阪丸太町
京福嵐山
嵯峨駅前
鹿王院
車折
卍広隆寺
花園
丸太町
二条城
有栖川
帷子ノ辻
太秦
蚕ノ社
二条
二条城前
地下鉄烏丸御池
地下鉄三条京阪
虚空蔵（法輪寺）卍
阪急嵐山
地下鉄東西線
西京区
阪急嵐山線
⛩梅宮大社
太秦
京福嵐山線
阪急河原町

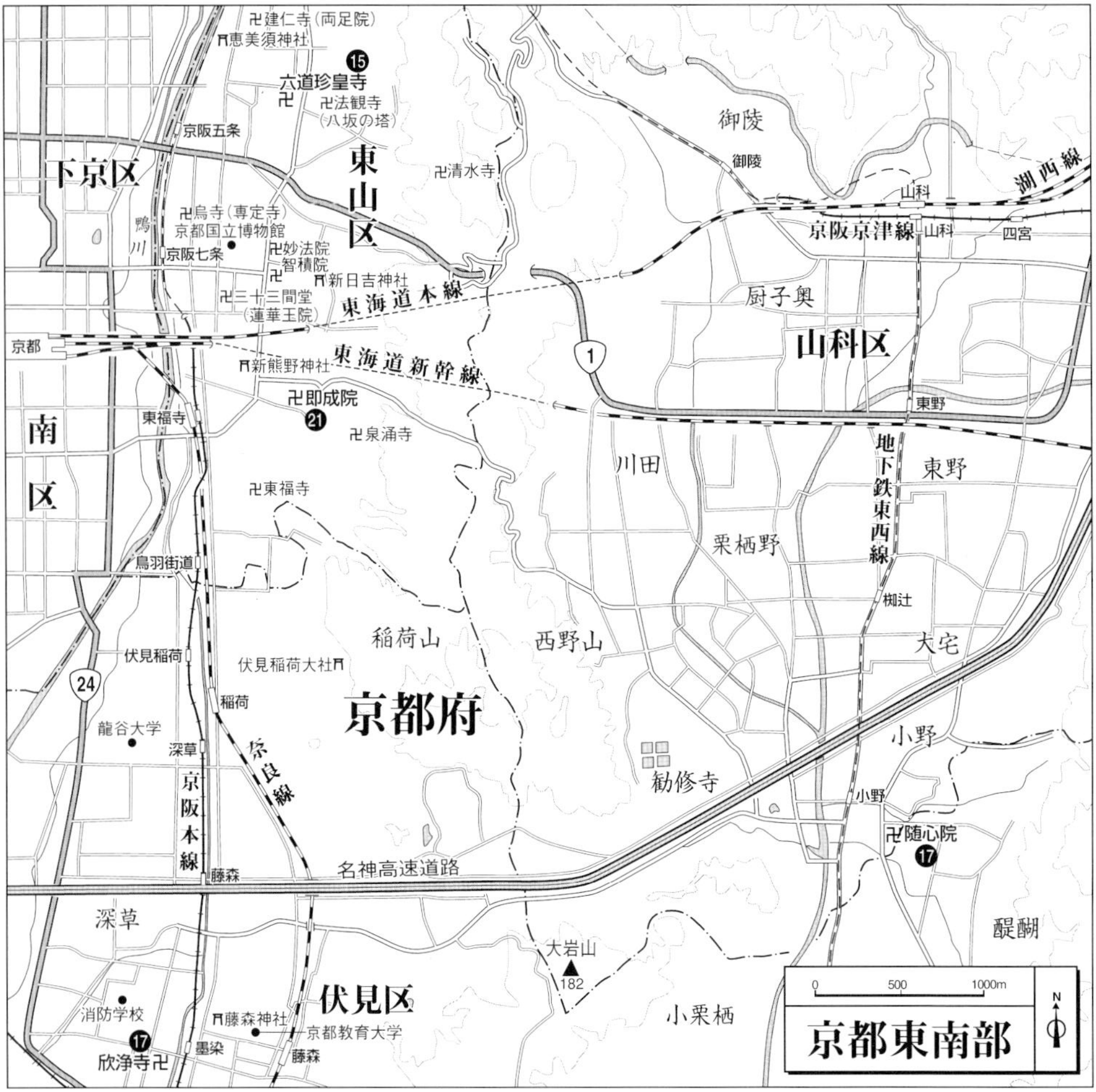
京都東南部
0 500 1000m
N
卍建仁寺（両足院）
⛩恵美須神社
15
六道珍皇寺
卍法観寺
（八坂の塔）
京阪五条
東山区
下京区
卍清水寺
御陵
御陵
湖西線
山科
卍烏寺（専定寺）
京都国立博物館
鴨川
京阪七条
卍妙法院
智積院
⛩新日吉神社
卍三十三間堂
（蓮華王院）
東海道本線
京阪京津線
山科
四宮
厨子奥
山科区
京都
東海道新幹線
⛩新熊野神社
卍即成院
21
1
東福寺
卍泉涌寺
東野
南
区
川田
地下鉄東西線
東野
卍東福寺
栗栖野
鳥羽街道
椥辻
稲荷山
西野山
大宅
伏見稲荷
伏見稲荷大社⛩
24
稲荷
京都府
小野
龍谷大学
深草
奈良線
勧修寺
京阪本線
小野
卍随心院
17
名神高速道路
藤森
深草
醍醐
大岩山
182
伏見区
小栗栖
消防学校
⛩藤森神社
京都教育大学
17
欣浄寺卍
墨染
藤森

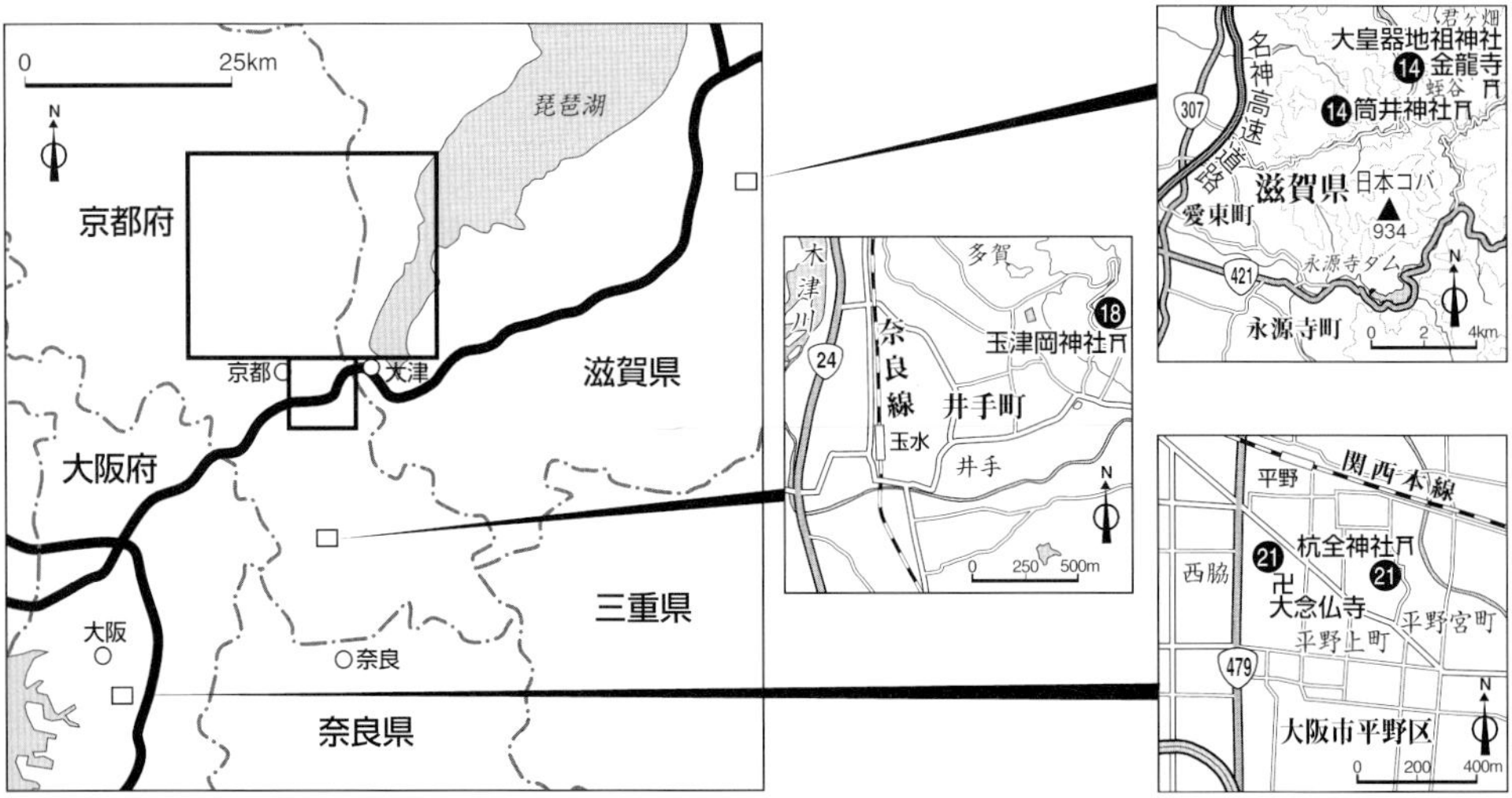
0 25km
N
琵琶湖
京都府
京都
大津
滋賀県
大阪府
三重県
大阪
奈良
奈良県
君ヶ畑
大皇器地祖神社
14 金龍寺
蛭谷
14 筒井神社⛩
307
名神高速道路
滋賀県
日本コバ
934
愛東町
421
永源寺ダム
永源寺町
0 2 4km
N
木津川
多賀
18
玉津岡神社⛩
24
奈良線
井手町
玉水
井手
N
0 250 500m
関西本線
平野
21
杭全神社⛩
21
西脇
卍
大念仏寺
平野宮町
平野上町
479
N
大阪市平野区
0 200 400m

八瀬と酒呑童子《やせとしゅてんどうじ》

京の都の近くに鬼①の子孫の住む里があるという。このおぞましい話を語るのは日本民俗学の創始者・柳田國男《やなぎたくにお》である。柳田が言うからには、この話もまんざら根拠のない話ではあるまい。

事実、八瀬童子《やせどうじ》と称する八瀬の人々は代々鬼の子孫であるということを自らはっきりと公言して来た。八瀬に伝わる『八瀬記②』という江戸中期の文書によれば、祖先の鬼というのは鬼といっても角のない鬼で、その字を「鬼」と書くという。『八瀬記』で八瀬の人の祖先がこの角のない鬼の子孫であるというのは、源頼光《みなもとのよりみつ》によって退治されたかの大江山の鬼、即ち八瀬の人たちが酒呑童子③《しゅてんどうじ》の子孫であるという伝承を否定するためであろうが、八瀬にいた鬼が酒呑童子であるという話は、中世における様々な物語——能本や御伽草子《おとぎぞうし》に語られている。

例えば、赤木文庫旧蔵の御伽草子『(伊吹山)酒典童子(仮題)』によれば酒呑童子の父は、伊吹大明神で、母は、江州の名高き長者・須川殿と申す人の一人子・玉姫御前《たまひめごぜん》とある。そしてこの子は叡山に登って修行をするが、何の因果か、三歳の頃から酒を飲むという無類の酒好きで、それが原因で、師の伝教大師最澄④《さいちょう》に叡山を追われてしまう。山を追われた童子は八瀬の西北、鬼《おに》が洞《ほら》という洞窟に身を隠すが、そこも追われ、全国の山々を転々とし、ついに丹波の大江山に移ったという。

①鬼●御伽草子『(伊吹山《いぶきやま》)酒典童子《しゅてんどうじ》(仮題)』(赤木文庫旧蔵)では神の子は「鬼面《きめん》」を被った為に鬼になったという。即ち「面をぬがんとしたまへども、ぬがれず」。酒に酔った勢いで風流に被った鬼面がとれず、鬼となるこの子は、何をカタろうとしているのか。肉付き面伝説は室町時代、盛んにカタられる。この後、童子は、信州の山々、立山《たてやま》、白山《はくさん》、走湯山《そうとうざん》、筑波《つくば》山《さん》、日光山、羽黒山《はぐろさん》、奥州の山々、四国の山々、九州の英彦山《ひこさん》、中国の大山《だいせん》等々、日本国中の山を渡り歩くも安住の地なく、最後に都の近く、丹波の大江山に隠れ住む。

②『八瀬記』●正徳六年(一七一六)六月成立。「八瀬庄年貢以下諸課役御免許　御綸旨《ごりんじ》」の文字があり、「人皇九拾五代後醍醐天皇御宇」に始まる「御綸旨」を載せ

比叡山の麓、京と近江を結ぶ山間の街道に沿って八瀬の集落がある。向かいは瓢簞崩山。

八瀬の瓢箪崩山中腹に、鬼の伝説を伝える「鬼が洞」がある。
切り立った巨岩の奥には暗い洞口がのぞく。写真は訪れた著者。

また能本の『大江山』を読むと、いかにも酒呑童子が哀れである。酒呑童子は都から追われたその欝屈を酒で紛らわし、あまつさえ都の女を誘拐して多くの悪業を重ねる。その酒呑童子を源頼光が征伐するが、どういう訳か、この能本の作者は、酒呑童子に大変同情している。

八瀬の人たちが八瀬童子と呼ばれるのは、髪が総髪⑤、ざんばら髪であったからである。江戸時代の末まで八瀬の人たちはざんばら髪であり、普通の人たちと明らかに異なることを自ら示していたが、この総髪、ざんばら髪というのは、いかなる風習であろうか。この総髪、ざんばら髪は、古くは日本に土着していた縄文人の頭髪であり、明治までアイヌの人も総髪であった。とすれば、アイヌの人たちが縄文の遺民であったように、八瀬の人たちもまた縄文の遺民であったのではなかろうか。

京都の南にある伏見稲荷大社の神は、かつて『京都発見』第一巻で語ったように、実は弥生人と共存した縄文の神であった。秦氏《はたし》と称する渡来人が入って来て平地を稲作農業の田畑とした時、土着の縄文人は山に逃れてその誇りを保ったのである。そしてそういう縄文人と里の弥生人との妥協の上に稲荷の神が生まれた。

しかし叡山に逃れた縄文人は再び山を追われる運命を経験した。叡山が最澄という渡来系の天皇の寵僧の仏教の根拠地になった以上、彼らは山を追われなければならなかった。そしてその一部は滋賀県の坂本へ、一部は八瀬の里へと逃れた。

八瀬の人たちは、比叡山の山の薪を採り、その薪を宮中へ入れ、また都で行商を行うとともに、叡山や皇室の輿舁《こしか》きや警護の役をして辛うじて生計を立てていたのであろう。それは八瀬の人たちを山から追い出した叡山と朝廷のせめてもの慈悲であったのであろう。

る。引き続き順を追って天皇の名を記し、「御綸旨」の書写が繰り返される。また天文十一年（一五四二）十月十五日の室町幕府奉行人連署状、織田信長・豊臣氏の証文写《うつし》等が載る。

最後に口伝で伝わって来た「当村諸役覚書」が付く。「弓始《ゆみはじめ》」「花の弓」「綸旨祭」「上げ物」「いのこ」「悪魔払いの事」。そして「当村覚書」として、「矢背《やせ》」の地名由来（天武天皇のこと）、八瀬川のこと、菅《かん》天神宮《てんじんぐう》のこと、鬼洞《おにがほら》のこと、そして「右之一巻《みぎのいっかん》八瀬村中子孫の為書《かき》志《し》るしおく者也《ものなり》／正徳六年丙申《ひのえさる》六月」とあり、以下、八瀬童子の屋号、「国名」が列記され、「正徳丙申　季夏　小野光直識」で終わる。この後、続編が書かれ、『八瀬記』は乾坤《けんこん》の二冊となる。

③酒呑童子●類似伝承の一つに、「鬼同丸《きどうまる》」の話がある。このカタリは『古今著聞集《ここんちょもんじゅう》』「源頼光鬼同丸を誅《ちゅう》する事」に出ている。鬼同丸もまた「童《わらわ》」と呼ばれ、頼光と四《し》天王《てんのう》に退治される。地名として鞍《くら》馬《ま》が出て来るのが、八瀬との地縁を思わせる。

柳田國男の民俗学は山人の研究から始まる。後に彼は、かつては軽蔑していた平地民即ち常民の研究者になるが、この八瀬の住民を鬼の子孫とした柳田四十一歳の論文「鬼の子孫」は、まだ柳田が恐しい爆薬を抱えていた頃（大正五年／一九一六）の論文である。私はこの柳田の論文に、私のかねてからの文化論を加えて敢えて八瀬の人たちを縄文人の子孫と呼びたい。里を追われ、山に逃れて、その山さえも追われた彼らは、その憂いを酒を飲んで慰めるより仕方なかったのであろう。酒呑童子の伝説は山すら追われた縄文人の哀れな末路を語っているのではなかろうか。

私は先日集まって頂いた八瀬童子会・前会長の上田稔治氏及び元会長の山本六郎氏などから八瀬に伝わるお話をお聞きし、この酒呑童子が隠れていたという「鬼が洞」をどうしても見たくなった。その「鬼が洞」で八瀬の人たちは毎年七月十五日に念仏供養をし、祖先の霊を慰めたという。しかしその念仏供養も今は絶えて、「鬼が洞」を訪ねる人もいないという。

鬼が洞は八瀬の竈風呂《かまぶろ》のある「ふるさと」という料亭のすぐ裏山（瓢箪崩山《ひょうたんくずれやま》）の中腹にあるが、道が険しくて回り道でしか登れない。実はこの登山を私たちは二回ほど計画したが二回とも雨で流れてしまった。三回目の平成十年（一九九八）八月三日、私はやっと想いを遂げることが出来た。

その日は夏の真っ盛り、カンカン照りの雲ひとつない日であった。私は、八瀬童子会・現会長の保司《ほし》博氏、森田一郎氏、辻利温《としはる》氏を先達《せんだつ》に、草ぼうぼうで石がごろごろしている道を登った。老齢でしかも病後の私には、しんどい登山であったが、休み休みたっぷり時間をかけて登った。

一時間も経ったであろうか。道は横ばいの尾根道になった。そこを少し進むと、に

④最澄●同じく『(伊吹山)酒典童子』に依れば、最澄は最初、この伊吹山の神の御子たる童子を大変かわいがっていた。

「御ちご、此《この》よしきこしめし、あら有がたの御事《おんこと》やとて、ひゑい山へ、御のぼりあつて、大師の、御弟子と、ならせ給ふ、大師、一め御らんずるよりも、是《これ》、たゞ人にてあるまじとおぼしめさる」

しかし最後は、仏法の祈禱《きとう》によって調伏《ちょうぶく》する。

「爰《ここ》に、ゑい山の大師は、近きあたりに、鬼神のすみかあつて、かく人をなやますにおいては、我山のなんぎに、児法師《ちごほうし》のわづらひなるべし、すみやかに、かのちごを、たいぢせばやと、おぼしめし、てうぶくのごまを、七日七夜ぞおこなひたまふ」

能本《のうほん》『大江山』では、童子は大楠に変身して最澄と戦うが、やはり調伏される。

⑤総髪●八瀬人は「月代《さかやき》」を剃《そ》らぬという。即ち総髪・ざんばら髪を、紐《ひも》でくくり、ひとつに束ねた「丸髷《まるまげ》」が、八瀬人の一般的髪型であった。「山城国《やましろのくに》愛宕郡《おたぎぐん》八瀬村《やせむら》沿《えん》

わかに鬼が洞が現われた。それは私の予期に反して釜状の洞窟ではなく、切り立った岩石の間に奥の深い穴をもつ洞窟であった。今は岩が崩れて埋もれてしまったが、昔はその奥になお広い空間があったのであろう。

山を追われた縄文人の首領が、この山城を思わせる洞窟を一時の隠れ家としたのも、十分頷《うなず》けるのである。そしてその目の前には比叡山がそそり立っている。山を追われ、叡山と朝廷に反抗した誇り高い八瀬の人たちの祖先は、隠れ家であるとともに山城でもあるこの鬼が洞で、どのような想いで叡山を眺めていたのであろうか。

そして八瀬の人達は、敢えて鬼の子孫を名告《なの》り、毎年七月十五日にここで祖先の念仏供養を行った。これも私は、凄まじい反時代的な八瀬人の誇りであったと思う。

私は三人の八瀬童子会の人たちとともに、この洞窟に酒を注ぎ、香を焚《た》き、その霊の供養を行ったのである。久し振りにいいことをしたという思いであった。

革取調書《かくとりしらべしょ》」(明治九年　森田一郎氏蔵。以下「森田文書」と呼ぶ)に、八瀬の風俗についての記述がある。

「家《か》作《さく》ハ萱葺《かやぶ》キ衣服ハ木綿、髪ニシテ丸髷ナリ。(是《これ》ハ後醍醐帝様ヨリ被許御先供ノ下髪《さげがみ》ニ致シタルモノナリ。御維新《ごいしん》迄《まで》此《この》通《とお》リナリ。)維新後ニ至リテハ散髪《さんぱつ》多シ。」

二……天武天皇と竈風呂《てんむてんのうとかまぶろ》

壬生《みぶ》狂言に「山端《やまばな》とろろ」という演目がある。若狭から京へ入る街道沿いの山端という所に一軒の茶店がある。女主人が馴染《なじ》みの客をとろろでもてなす。二人は酒に酔って寝てしまう。泥棒が入って来て女主人の着物や、馴染みの客の刀などを盗むが、そこへ道化役の下男が帰って来て、泥棒に気付き、立ち回りになる。それで二人は目を覚ますが、驚いた女主人がとろろ汁の擂《す》り鉢をひっくり返す。泥棒は勿論、女主人にも馴染みの客にもやましいところがあり、あわてて逃げようとするが、うまく逃げられず、つるつる足を滑らせ、すってん転んで幕となる。

この茶店というのは現在も山端にある平八茶屋《へいはちぢゃや》であろう。今も平八茶屋の名物は麦飯のとろろ汁であるが、もう一つ、名物がある。それは竈風呂《かまぶろ》である。この竈風呂はもともと山端にあったものではない。

大正十四年、八瀬に比叡山に登るケーブルカーの駅が出来た時、京都の実業界には、この八瀬の里を宝塚の如き観光名所にしようとする計画があった。それで多くの京都の老舗《しにせ》の料理屋、例えば、新三浦、芋ぼう、魚新、そして萬養軒等が八瀬の里に支店を出したが、なぜか八瀬は宝塚のような観光名所にはならず、戦後、多くの店は引き上げた。その中でただ一つ残ったのが山端の平八茶屋と縁戚関係にある、八瀬の平八茶屋であった。

①風呂●今はもうそんな様子はさっぱりとみないが、かつて風呂は人々の歓談の場であった。特に中世、室町では、例えば、戦《いく》さの最中の武士が、敵味方、相集うてカタリに花咲かせた。

「合戦もさう毎日はしてはをられず、合戦の休業日には市内の処々《ところどころ》にあつた湯屋《ゆや》に行き、恐らく『湯屋風呂ノ女童部《おんなわらんべ》』（太平記、巻三十五）を相手とし遊興したり、又裸同士の敵味方が一しよに会つてやあやあと談笑して一向煩ひが無かつたといふ様な光景も見られたのであらう。それはおほらかな、笑ひに満ちた狂言の世界の、太郎《たろう》冠者《かじゃ》に翻弄《ほんろう》される様な大名の頼《たの》うだ人が本当に生きてゐた時代であつた。」（岡見正雄《おかみまさお》『面白《おもしろ》の花の都や―上京《かみぎょう》と下京《しもぎょう》―』）

②「むろ」●柳田國男《やなぎたくにお》「風呂の起

八瀬には古くから竈風呂があったので、八瀬平八茶屋もこの竈風呂を観光の目玉としようとしたらしい。そしてこの八瀬平八茶屋の竈風呂が名物になったので山端平八茶屋も、それにならって竈風呂を置いたのであろう。

この八瀬平八茶屋にはほろ苦い思い出がある。ここで戦後まもなく京大の高山岩男、高坂正顕《こうさかまさあき》教授に指導を仰ぐ哲学茶話会なるものが開かれたが、そこで新入生の私が当時、神の如く尊敬されていた田辺元《はじめ》博士の哲学について失礼なことを言って多くの師友の顰蹙《ひんしゆく》を買った。

先日、私は五十年振りに八瀬平八茶屋を訪れた。この茶屋の建物については殆ど記憶がなかったが、竈風呂は良かった。この竈風呂は昔の面影を留めている狭く素朴なものであった。竈風呂はサウナと似ているが普通のサウナが乾燥しているのに対し、竈風呂は湿っていて十分か十五分入っていると徐々に体が温まってくる。

今、料亭「ふるさと」の前に何十年と使われていない昔の竈風呂が置かれている。この竈風呂は直径三・五メートル、高さ二・四メートルの饅頭《まんじゆう》型で、土と石とレンガで出来ていて、入口で青木・青松葉を焚《た》き、竈の中が十分に温められたら、火を消して、塩水を撒く。そしてその中に筵《むしろ》を敷き、焚口から四つんばいになって中に入り、坐《すわ》るという。今は割り木を用い、塩水でなく水を撒く。八瀬平八茶屋は、他の竈風呂がガスで焚くようになった今も割り木を用いているという。

この竈風呂には古い伝承がある。壬申《じんしん》の乱の時、背中に矢傷を負った天武天皇が、八瀬の竈風呂に入って傷を癒《いや》したというのである。「やせ」は今では「八瀬」と書くが昔は「矢背」と書いた。今でも八瀬小学校の徽章《きしよう》は桜花の中に三本の矢が組み合わされ、中央に「背」の字がデザイン化された図柄である。

源」（大正四年「郷土研究」）には「フロは多分室《ムロ》と同じ語で、窨《あなぐら》又は岩屋のことであつたらう」とある。同じ論文に、「虚無僧《こむそう》の始」が書かれ、虚無僧の居所を「風呂地《ふろぢ》」というとある。その理由は、「虚無僧の始」めとなる四人の禅宗の僧が浴室に住んだからという。偶然であろうが谷北兼三郎《たにきたかねさぶろう》氏は、尺八の名人。京の禅寺・東福寺塔頭《たっちゅう》・明暗寺《みょうあんじ》と深い関係にあった。そして、尺八の練習には、竈風呂が最適とし、谷北氏を師とする人たちは尺八の練習に八瀬の竈風呂を用いている。

③記録●『八瀬大原の栞《しおり》』（谷北兼三郎著　大正十四年／昭和八年増補）の中に「大谷句佛《おおたにくぶつ》（光演）の断想私録抜萃《ばっすい》」（大阪朝日新聞／昭和四年一月）という一文が引用される。そこに、京都近郊の保養地といえば、摂津の有馬か八瀬であったが、大谷家ではより近い八瀬に、たびたび出掛け、定宿《じょうやど》は「出雲」であったと記される。

④一年神主●柳田國男は「鬼の子孫」で、「此村《このむら》（八瀬）」には一年神

風呂①に関しては柳《やなぎ》田《た》國《くに》男《お》に興味深い説がある。「ふろ」は「むろ②」であるというのである。「むろ」というのは洞窟で、稲作農耕民の渡来以前にこの国に住んでいた縄文人の住居である。八瀬の料亭「ふるさと」の庭にある、あの竈風呂は洞窟の形をしていて、ちょうどその真上に当たる西山の中腹に、あの「鬼が洞」がある。

今、日本で風呂に入るというと、湯風呂即ち熱せられた水、湯に入ることをいうが、風呂がもっぱら湯風呂を指すようになったのは江戸時代も後期のことである。それ以前の風呂というのは殆ど蒸風呂であった。

室町時代の「洛中洛外図屏風　上杉本」に伴《とも》を連れた貴人たちが一条革堂《こうどう》の「蒸風呂」を利用している図が載る。背後に井戸の水を汲む「はねつるべ」があることを思えば、「清めの水風呂」も伴っていたと思われる。

この八瀬の竈風呂には、近衛家の人たちもしばしば訪れたという。また、東本願寺の二十三世句佛《くぶつ》上人は、「十四世琢如《たくによ》上人が料理人などの御伴を連れてこの八瀬の竈風呂に入りに来ている」と記し、自らも頻繁に利用した、と記録③にはある。

竈風呂はいつの時代に遡《さかのぼ》ることが出来るのであろう。もし、背に矢傷を負った天武天皇がこの竈風呂で傷を癒されたとすれば、それは飛鳥の御代まで遡ることになる。この「ふるさと」の前にある竈風呂の説明板には、谷嚶斎《たにおうさい》という儒者の、竈風呂に入った感想が記され、詩の一節が引用されている――

匍匐《ほふく》して竈牀《そうしょう》に入る　暗々夜国の如し
白日の光を見ず　蒸気柔にして軟
和気肺腸に徹し　汗雨忽《たちま》ち淋浪《りんろう》

私も先日、人の止めるを聞かず、暗い竈の中に入ってみた。中は全くこの谷嚶斎の

主と称して出雲の美保関《みほのせき》などと同じく、氏子の総員が年番に祭儀に関与する風がある」と述べ、『八瀬記』（乾）に描かれる「赤岩播磨《あかいわはりま》」と「西近江《にしおうみ》」の二家の記述に注目し、つまり『八瀬記』の書かれた正徳六（丙申《ひのえさる》）年には赤岩播磨の屋号を持つ家は「申年神主也《さるどしかんぬしなり》」、西近江では「申年承仕也《さるどししょうじなり》」とあり、また「一年勤《いちねんづとめ》」とあることから、柳田は八瀬人は、「或る神」を奉じてこの地にやって来た神人《じにん》集団と説く。そして「或る神」の御正体《みしょうたい》はよく解らぬが、「鬼が洞」伝承にその答があろうと想像している。

⑤美保神社●柳田國男の「託宣と祭」（大正二年「郷土研究」に発表。『巫女考』所収）に詳しく述べられる。

「神託宣の事が年々の例祭と深い關係のあつたことを證《しょう》する他の一例は、出雲の美保神社の一年神主の慣習である。（中略）愈々《いよいよ》祭の當日三月の十日となると、神前の湯立の釜に水を八分入れて湯玉の立つまで焼立て、淨衣烏帽子《じょうええぼし》の新神主を此中《このなか》に入れて煮るとある。煮ると云ふのは釜の湯氣に強

保存されている伝統的形式の竈風呂。八瀬秋元町。

竈風呂内部を体験する著者。

詩のように真っ暗であった。その真っ暗の湯気の立ち籠める竈の中で汗を滝のように流していると、不思議に母の胎内にいた時のような暖かさと安らぎを覚える。

また八瀬には「一年神主」④という制度がある。一年神主は、かつては、どこの里にもあった制度であるが、今は八瀬の他には島根県の美保神社⑤など一部の地方でしか見られない。美保神社の一年神主は祭の当日、湯立《ゆだて》の湯気を浴びて失神し、やがて息を吹き返して〝神〟となり、神事を司る力を得るという。

八瀬の一年神主もこの竈風呂に入り、湯気で蒸されて失神状態になり、生き返り、神事を務めたのではないか。日本神話の中心は天照大神《あまてらすおおみかみ》の天《あめ》の石屋戸《いわやと》の話であるが、これも死・再生の話である。この日本神話が語られる『古事記』の原型は天武天皇の時に作られたと、『古事記』序文にある。ひょっとするとこの竈風呂も天の石屋戸の話と同じく死・再生の神事の場所であったのではなかろうか。

く當てゝ失神させること、普通の問湯《といゆ》と同じく、又は山城梅津《やましろうめづ》の蒸《むし》講《こう》に旅人を捕へて大釜の上で蒸すのと同じだらうと思ふが、さうは書いて無い。兎《と》に角《かく》息の絶えるのを度として釜より引出し、神前の荒菰《あらこも》の上に寝かせ置くと、やがて生返る。それを拜殿の前に置き、其《その》手に幣帛《へいはく》を持たせ皆人平伏《みなひとへいふく》す。其時《とき》近國參詣の老若男女大勢群集し、心得たる者は神託を聽取《ききと》らんが爲に紙矢立《かみやたて》を持參し待控《まちひか》へて居ると、やがて一年神主は御幣《ごへい》を振つて其年中の農作の善惡、病の流行など一々《いちいち》神の告げを傳へる。」

三　………　秋元大明神と赦免地踊《あきもとだいみょうじんとしゃめんちおどり》

一つの神社に、複数の神が主神として祀《まつ》られることがある。古くは或る神を祀ったものであるが、後にまたどうしてもそこに祀られねばならない強い神が現われて二つの神は並存するが、さらにまたその後に新しい神が現われて、先の二神とともに祀られるという具合である。

このような神社の典型として八瀬《やせ》天満宮がある。その元の神は、通称山王《さんのう》さんといわれる日吉大社《ひよしたいしや》が祀る神・大山咋神《おおやまくいのかみ》である。ところが後に、どうしてもここに菅原道真《みちざね》即ち天神様を祀らねばならないことになり、長い間二神は仲良く並存してきたが、江戸時代にまた突然、①秋元様という神様が出現して祀られることになった。そして八瀬の人は、春祭には山王さんと天神様の祭をして、秋祭には秋元様の祭をするのである。

秋祭の②「赦免地踊《しやめんちおどり》」は有名である。この祭の主役は、芸術品というべき小刀一本で作られた切り子燈籠《とうろう》を被《かぶ》り、女装した十五歳の八名の少年である。しかし実際に神社の境内に設置された舞台で花笠を被って踊るのは十二歳以下の少女である。少年たちはしずしずと行列するだけであるが、それでも赦免地踊の主役は少女ではなく、少年なのである。この祭は、秋元様即ち秋元喬知《あきもとたかとも》の霊を慰めるために行われる。秋元氏は初め上杉氏の一流、庁鼻《こばなわ》上杉氏に仕え、後に北条氏に、そして巧みに徳川将軍家に近

①秋元様●喬知《たかとも》は潔癖の人である。不正を悉《ことごと》く憎んだ。『聿修録《いつしゆうろく》』(明治十九年　岡谷繁實《しげざね》編集)に「禁裏御造營《きんりごぞうえい》ノ材木」についての逸話があり、「役人大《おおい》ニ驚キ但馬殿ハ天狗ニテヤアラン」という一節がある。喬知は、棟《むね》に使う材木、梁《はり》に使う材木とその用材をいちいち点検した。その方法は扇子で、材木をポンポンと打つのであるが、棟の材の中に空洞があるのを見抜き、その場で鋸《のこぎり》で切るよう命じた。その結果は「仰《おお》セシ如ク虚《うつ》ロアリケル」であった。

喬知の死を『聿修録』は「(正徳)四年八月十四日櫻田ノ邸ニテ館《やかた》ヲ捐《すて》サセラル御歳六十六御法名濟川《せいせん》院《いん》殿光嚴寺ニ葬リ奉ル」と記す。

②「赦免地踊」●この祭事の最後の曲は「狩場《かりば》踊」と決まっている。「踊り」というが、実は誰も踊らな

「秋元様」を祀る「赦免地踊」。夜、燈籠着(とろぎ)と呼ばれる、「切り子燈籠」を被った女装の少年が、付き添いの警固に伴われ、花宿から社へそろりそろりと向かう。

赦免地踊に被る切り子燈籠。八瀬の各集落によって図柄が異なる。

秋元大明神の社に向かう各集落の燈籠着（とろぎ）たち。

寄り、泰朝（一五八〇〜一六四二）の時、一万八千石を授けられた大名である。喬知は家綱・綱吉・家宣《いえのぶ》・家継《いえつぐ》に仕え、有能で剛直をもって名高く、寺社奉行・若年寄・老中等の職を歴任、その功により正徳元年（一七一一）には六万石に封ぜられた。この喬知を八瀬の人は八瀬の恩人であると今なお尊敬している。

　八瀬の人々は、昔から叡山に自由に出入りし、その木を伐《き》り、山の獣や川の魚を捕る権利を保有していた。しかるに叡山側は、おそらく仏教の信心厚い将軍・綱吉の力を頼りにしたのであろう、八瀬の村人が叡山に立ち入り薪や獣を捕ることを禁止することを願い出てそれが幕府によって認められたのである（宝永四年／一七〇七）。これは八瀬の人たちにとって死活問題であり、この条令の撤廃を直訴したが、認められなかった。しかし宝永六年将軍綱吉が死に、代わって家宣が将軍位に就くと、息女・照姫《てるひめ》が家宣夫人となっていた③近衛基熙《このえもとひろ》公を通じて、幕府にこの一件を頼んでいた八瀬の人たちに、思いがけない朗報が届いた。

　このことを民俗学者・平山敏治郎《びんじろう》氏はその論文「山城八瀬村赦免地一件（二）」（一九七二）で次のように論じている。

「宝永七年七月十二日、（略）八瀬童子らは、老中秋元但馬守《たじまのかみ》喬知、（略）出座の前において、（略）格別の恩裁の沙汰に感泣したことであった。その決裁の趣きは、八瀬一村の希望するところの、前年の山門結界を改め、傍示を撤去することは認められなかった。（略）しかしながらそれによって失うところを償うべく、代々の御綸旨《りんじ》、下知《げぢ》状などを賜わった由緒を重んじて、村内にある私領寺領等は召上げられ、その地は代官の管理に入れられ天領となった。あまつさえ禁裏《きんり》御料《ごりょう》の地を除く外はことごとく年貢、諸役の一切を免除されることになり、全く予想をはるかに超えた恩命に浴したといえ

い。「狩場踊」の音頭《おんどう》が始まると、絣《かすり》の上下を着た「警固《けいご》」の青年が燈籠を被り、燈籠回しをし、「いざやかへらん我が宿へ」という歌詞とともに、まず警固が燈籠を被ったまま宿元《やどもと》を目指して一気に天満宮の石段を駆け下り、女装をした少年がその後に続く。少年は各自帰宅。かつてこの祭、「兄貴《あにき》の祭」と呼ばれた。長男だけの儀式であった。

③近衛基熙（一六四八〜一七二二）

●近衛家と八瀬との関係の始まりはよく解らない。「森田文書」（森田源治郎《げんじろう》控の記事が最後にある）はこのことを「近衛御殿様ハ領主ニアラザルモ古來ヨリ萬端《ばんたん》御世話ヲ蒙《こうむ》ル」と説明している。八瀬の人たちは事あるごとにまず近衛御殿に赴いて相談している。また近衛家の人々は頻繁に八瀬の竈風呂を楽しみに八瀬に赴いている。八瀬の方でもたびたび八瀬の名物を届けたり、近衛家の御子を八瀬の里で預かったり、或いは八瀬より乳母に上がったりと、その仲は親密である。

る」

綱吉が死に、家宣が将軍になったことは一つの政治的イデオロギーの転換ではなかったかと思う。それは仏教的政治から儒教的な政治への転換である。そこでの新しい時代のリーダーは、儒学者である新井白石《はくせき》と、白石の施策を政治に実現しようとする家宣の内臣・間部《まなべ》詮房《あきふさ》であった。この白石→詮房ラインは仏教イデオロギーが一掃されたことを天下に示したかったのであろう。彼らは既に甚だ評判の悪かった「生類《しょうるい》憐《あわれ》みの令」を廃止し、それによって罪を得た人々の罪を許し、民衆に新しい政治への強い期待を抱かせたのである。そして近衛公の顔を立てながら、しかも仏教権力の言うことを何でも聞いた前代の政治の批判を天下に知らしめることは、新しい政治権力の権威を確立するためにも有益だと考えたのであろう。

新井白石は『折《おり》たく柴《しば》の記』で、この八瀬の赦免地の決定は、彼の施策であると語っている。しかし白石は家宣政治においては影の人であり、前面に立ったのは老中である秋元喬知であったに違いない。八瀬の人はこのことが喬知の力によって行われたと思っているが、その裏には白石が在った。白石が八瀬を通った時、村人はそれが白石の仕業だと知らず、この赦免地の一件については大変有り難いことだと語ったと、白石はこの著書で得意そうに述べている。

喬知はどうして神に祀られたのか。日本において個人にして神に祀られるのは何らかの意味で余執《よしゅう》・妄執《もうしゅう》が残る形で死んだ人に限られる。喬知は秋元大明神と呼ばれるが、明神というのは、怨霊を意味する。秋元喬知は怨霊であろうか。因みに、秋元大明神の神紋は、祇園社と同じ木瓜《もっこ》紋である。

私は去る平成十年（一九九八）十月十日夜、この赦免地踊を見たが、それは華麗な

④鎮魂●「森田文書」には、「町村休日」として「六月十四日武州河越城主秋元但馬守様ノ縁日《えんにち》ニテ休日ナリ」とあり、さらに続けて「休日遊」として「九月十一日ハ綸旨祭ト唱《とな》ヘ切帋《きりがみ》（紙）燈籠ヲ拵《こしら》ヘ綸旨宮ヘ備ヘ踊リヲス（是《これ》ハ始メテ担租《たんそ》ヲ被免《めんぜられ》タル日トカ云フ）」とある。「秋元様」の祭と「赦免地踊」の日は区別されている。また「應《おう》円滿院様《えんまんいんさま》九月十四日休日、文正院《ぶんしょういん》様十月十四日休日」とある。応円満院は近衛基熙、文正院は徳川家宣である。

八瀬では、毎月二十八日は「念仏講」と称して、後醍醐天皇（後醍醐天皇だけは、九月十六日、改めて弔う）以下、八瀬の恩人たちの名を称え、供養をする。その中には「済川院様」も坐《いま》す。

中に沈痛な思いを秘めた祭であった。燈籠は「牡丹《ぼたん》燈籠」がそうであるように霊の依代《よりしろ》であろう。

この八瀬の人々は秋元喬知が自尽し、秋祭はその怨霊を慰めるためのものだと固く信じている。喬知が死んだのは正徳四年のことである。この時代には既に家宣が死に、その子である幼い家継が将軍職にあった。家継の政治は家宣政治の継承であるが、そこで新井白石の力は多少衰えていた。このいわゆる正徳期（家宣・家継時代）の大きな政治的事件は、改悪された金貨銀貨を元に戻そうとして、この改悪の張本人である荻《おぎ》原重秀《わらしげひで》などが罰せられたことと、奥女中絵島《えじま》と歌舞伎役者生島《いくしま》新五郎の不義密通事件、「絵島生島事件」が起こったことである。荻原重秀などの処罰については白石は情熱的に語っているが「絵島生島事件」については全く沈黙している。

この事件の主役は新井白石ではなく秋元喬知であったのであろう。剛直の噂の高い喬知はこの事件においていささか常識離れの剛直さを発揮した。それについてかの荻《おぎ》生徂徠《うそらい》は「秋元殿は、日頃寛容であるが、この事件については度を失った」と語っている。何といっても絵島は家継の生母・月光院の寵愛の女性である。月光院が怒らないはずはない。おそらく彼は、この事件によって月光院を初めとする大奥の恨みをかって苦しい立場に立ち、自ら命を断ったのであろう。

正史では語られなかった男の悲劇を八瀬の人たちは秘かに語り、その霊を今でも手厚く鎮魂④しているのである。何とも床《ゆか》しいことではないか。

四……………菅公と八瀬天満宮《かんこうとやせてんまんぐう》

八瀬天満宮①は、八瀬の人たちが厚く信仰する神社であるが、その神社には一つの伝承が存在している。その伝承によれば、この天満宮は北野天満宮より古い天満宮であるというのである。それで八瀬の人たちは、太宰府天満宮には参るけれども、北野天満宮にはあまり参らないという。但し「高殿《こうどの》」と呼ばれる「一年神主」になると北野天満宮と近江の白鬚《しらひげ》神社、愛宕山《あたごやま》、貴船神社等、八瀬天満宮に坐《いま》す神々と関わり深い社に詣でるという。このことも八瀬の信仰の古風を偲《しの》ばせる。

もちろん口から口へと人々によって伝えられる伝承には真実ではあり得ないことも多く含まれる。それ故文献を殆ど唯一の史料として歴史を考える文献史家は、このような八瀬の伝承は全く取るに足りないと考えるかも知れない。しかし私は、この伝承は必ずしも荒唐無稽の話ではないと思う。江戸時代の地誌『拾遺都名所図会』巻二（一七八七）には、

矢背《やせ》天神宮　同村の東の山下にあり祭神菅靈《くわんれい》生土《うぶすな》神とす例祭は四月二日神輿《しんよ》二基一基は八王子の神輿なり諺《ことわざ》に曰《いは》く菅《くわん》家《け》御《ご》若年《じやくねん》の時叡山法性坊《ほつしやうばう》阿闍梨《あじやり》尊意《そんい》の室に入り給ひ文書を學び給へり筑紫《つくし》左遷《させん》の後かの地にて薨《こう》じ給ひ其神靈《そのしんれい》尊意の室に來り命じ給ふ事あり阿闍梨の答神慮《しんりよ》に能《あた》はざるにより其席にある柘榴《ざくろ》を取つて妻戸に吹きかけ給へば忽《たちま》ち猛火と成つて燃えける其後《そのご》尊意僧正かの由縁を以《もつ》て

①八瀬天満宮●春祭、例祭は五月五日（五月四日、宵宮／五日、本祭）。この祭の成功はひとえに高《こう》殿《どの》（神殿）の精進潔斎《しょうじんけっさい》にかかっているという。本年（平成十年）の高殿は芳賀芳朗《はがよしろう》氏。春祭の写真を奥さま、佳子《よしこ》さまに見せて頂く。祭の日（宵宮では麻の生地の色の直垂《ひたたれ》、立烏帽子《たてえぼし》、白足袋、紙草履。本祭ではまず朝祭には青色の直垂を着し、以下は宵宮と同じ）、高殿は三回衣装を替える。いよいよ祭本番、神輿《みこし》が出ると、芳賀氏は「菅原道真」、その人となる。近衛家から拝領の黒の絹地の衣冠装束《いかんしょうぞく》を着し、笏《しゃく》を持つ。そしてその額には神となったシルシの〝朱〟の点が徴される。さらに菅公となる為の大切な小道具が八瀬天満宮のこの神事にはもう一つある。付髭《つけひげ》である（昔は実際に髭をたくわえた）。芳賀氏は菅公に扮《ふん》して、山王

こゝに勧請《くわんじやう》し給へり

とある。ここには八瀬天満宮が矢背天神宮と書かれているが、おそらく江戸時代にはこの神社は矢背天神宮と呼ばれていたのであろう。それが、明治になって、矢背を八瀬と書き、北野天満宮の名称に従って、天神宮を天満宮と改めたのであろう。

この『拾遺都名所図会』には、菅原道真は法性房尊意に文章を学び、没後その霊はまず尊意の許《もと》に現われたが、法性房尊意の言うことが気に入らず、出された柘榴を口に含んで吹き掛けるとそれが猛火となったとあるが、この話は、他ならぬ北野天満宮の造営の縁起とその神徳を語った『北野天神縁起絵巻』にも語られている。

『絵巻』によれば、延喜三年（九〇三）二月二十五日に菅公は死に、筑前国四堂《しどう》のほとりに墓を定めてあったが、遺体を乗せた牛車が動かず②、止むなく、そこに、墓を営んだのが安楽寺、現在の太宰府天満宮であるという。

その後菅公の霊は、天皇から怨霊調伏《ちょうぶく》の命を受けていた尊意の所に現われ、自分は尊意の弟子であるので、その勅命を返上してくれと頼むが、尊意が、勅命は致し方ないと答えたので、怒って勧められた柘榴を口に含んで妻戸に吹き掛け猛火になったというのである。その後この火雷神となった菅公の怨霊は次々と彼を流罪に追いやった宮臣たちに復讐する。そして復讐は菅公の流罪に対して最も責任のある左大臣藤原時《とき》平《ひら》に及び、ついに醍醐天皇さえこの菅公の怨霊によって空しくなる。都の人たちは菅公の怨霊の跳梁《ちょうりょう》によって不安の底に陥れられるが、その怨霊の鎮魂を志す人が出て来た。最初菅公の託宣が西の京の多治比《たじひ》あやこ③という少女に降りて、小祠《しょうし》が建てられるが、後に近江比良宮の禰宜《ねぎ》・神良種《みわのよしたね》の子、太郎丸にも託宣があってあやこと協力して今の北野の地に社を造った。その社が、時平の弟、忠平及びその子の師輔《もろすけ》の援助を

さんと天神さんを祀《まつ》る。

②牛車が動かず●高槻市《たかつきし》の上宮《じょうぐう》天満宮《てんまんぐう》（北山天満宮）の天神絵巻は『大政威徳天縁起《たいせいいとくてんえんぎ》』というが、その内容は北野天満宮の創建縁起。「大威徳明王《だいいとくみょうおう》」は六臂《ろっぴ》六足で忿怒《ふんぬ》の相をし、水牛に乗った姿で表わされる「五大明王」の御一人。かつて上宮天満宮の北山八太郎《きたやまはちたろう》宮司にうかがった話。

「勅使菅原為理《ためすけ》が太宰府より道真の霊代《たましろ》と自画像を奉じてこの地に到ると、神輿が動かなくなった。それで北野より先に、こちらに天満宮を造営し霊代をお祀りしたと聞いています。〝上宮〟の名は、北野を下宮《げぐう》と呼ぶのに対する名とも……昔むかしから伝えられている大切な伝承です」

③あやこ●八瀬の秋祭の「赦免地踊」は、中世室町の風流《ふりゅう》である。しかしその芸態《げいたい》はよく解らない。「花笠踊」の少女たちの芸態は一時中断、昭和五年、三世井上八千代（片山春子）氏の振り付けで復活した。その昔は一体どんな踊りであったか。初世は近衛家で御殿

受けて巨大な神社となり、こともあろうに藤原摂関家の護《まも》り神になったのである。

　このように、法性房尊意は最初に菅公の怨霊の鎮魂を行った僧であるが、今一つ彼に関係の深い寺がある。それは天台宗の寺、法性寺である。法性寺は後に東福寺という禅寺になるが、この法性寺を造ったのは明らかに法性房尊意であり、その房名をとって法性寺と名付けたのである。今も東福寺の中に、法性寺という誠にささやかな西《せい》山《ざん》浄土宗禅林寺《ぜんりんじ》派の尼寺があるが、その尼寺には、かつて栄華を誇った法性寺灌頂堂《かんじょうどう》の本尊であったと思われる、美術史的にも大変優れた当時の彫像である十一面観音〈千手観音（二十七面あり）〉が祀られている。その十一面観音は小ぶとりの中年男の風貌をしているが、『北野天神縁起絵巻』に「天神の本地は観音なり」とあるので、私は或いはこの仏像は菅原道真をモデルにしたのではないかと考えた。忠平―師輔は、菅原道真の怨霊を十二分に利用したのである。その道真の怨霊によって、時平の血を引く皇子や貴族たちも殆ど若死にし、自ずから天下は忠平とその子孫の許に帰した。この菅公の怨霊の力で権力を得た忠平一家は都の西北に忠平一家を守護する神社、菅公を祀る北野天満宮を造り、そして都の東南に遠い奈良の興福寺に代わる摂関家の氏寺法性寺を造って、その本尊を菅公の本地というべき十一面観音にしたのではなかろうか。

　『北野天神縁起絵巻』は、「矢背天神宮」のことについて何も触れていないが、菅公の怨霊の鎮魂に力を尽くしたのが尊意であるから、叡山の西の登り口になるこの八瀬の地に、まず尊意によって菅公の鎮魂の社が造られたとしても決して不自然なことではなく、むしろその可能性は高い。この八瀬天満宮の社殿は、正面は普通の神社であるが、背後が少し変わっている。そこには十一面観音の絵像が懸けられていて、観音開

舞を学んでいる。
　新潟県柏崎市女谷《おなだに》という所に、全国でおそらく唯一という室町の小唄踊《こうたおどり》が残されている。その名、「綾子舞《あやこまい》」という。この「綾子舞」の中に「小切子踊《こきりこおどり》」というものがあって、そのストーリーは、菅公が筑紫へ流罪になる時、別れを惜しんだ少女あやこが、三条大橋の袂《たもと》で踊ったものという。あやこ→綾子舞→天神信仰――本田安次は、「綾子舞」を都の風流が日本海沿いに伝播して、女谷という〝秘境〟に残ったという。
「姫はみやこのものなるが、能登の浜にて汐《しお》をくむ……」（汐汲み踊）
　因みに左京区岡崎法勝寺《おかざきほっしょうじ》町に日蓮宗満願寺があり、その境内に「文子天神社」がある。これは、満願寺が元北野七保《ななほ》の「五ノ保社」であった名残り。

静かな宮の森に向かうすがすがしい参道。春には菅原道真の怨霊を慰める祭が営まれる。

八瀬天満宮社殿の背面扉の中には十一面観音絵像が懸けられている。

きの扉を開くと十一面観音が拝まれるという。つまり本殿にはおそらく北野天満宮にあるようなあの憤怒《ふんぬ》の形相の菅公像が祀られていたのであり、その裏には、菅公の化身と考えられる十一面観音が祀られていたのである。それは正に、北野天満宮と法性寺とを裏表に合わせたようなものである。

この八瀬という、いわば洛外にあるささやかな地に鎮座する八瀬天満宮には壮大な神社である北野天満宮と、今の東福寺の何倍か大きかった華麗極まる天台密教寺院法性寺の秘密を解く鍵が隠されていたのである。

五……………山王様と「みあれ」祭《さんのうさまとみあれまつり》

私の著書『隠された十字架』が出版された時、何の間違いか、或る推理小説の賞の候補になった。私の著書が推理小説とすれば、私は探偵となって、法隆寺の謎解きを行ったと言わねばならぬ。もしそうなら、今また八瀬天満宮の山王様について探偵となって、謎解きを行おうではないか。

この山王様が八瀬の最も古い神であることは明らかである。私は八瀬の人々について、最澄《さいちょう》が比叡山に天台宗の根拠地を定めた時に山を追われた縄文の民ではないかと語ったが、この縄文の民は東と西に分かれて、叡山の山の下に住居を移した。それが昔東坂本といわれた今の坂本と、西坂本といわれた今の八瀬である。山王様は、比叡山延暦寺の鎮守社である①日吉《ひよし》大社であり、祭神は土着の神である大山咋神《おおやまくいのかみ》と、新たに大津京（六六七）を造営した天智天皇によって祀《まつ》られた三輪明神即ち大己貴神《おおなむちのかみ》である。大山咋神を祀る社を東本宮、大己貴神を祀る社を西本宮という。

八瀬天満宮から、叡山に向かって、道を約二百二十メートルほど上った所に、かつて山王様の坐《いま》した場所がある。

先日、私はその地を訪れた。そこは少し平らになっていて、「御所谷《ごしょだに》」と呼ばれている。足利尊氏《たかうじ》に追われて叡山に逃れた後醍醐《ごだいご》天皇の行在所《あんざいしょ》があった所でもあると伝えられる。行在所にしては狭すぎるが、社が建つには十分なスペースである。ここに

①日吉大社●現在日吉大社の中心的存在となっている「西本宮」の神・大己貴《おおなむち》（大物主《おおものぬし》）神は、天智天皇七年に天皇の発願《ほつがん》によって、大和の三輪神を勧請したものという。この時、神は杖を突いてこの地にやって来たという。この杖の樹は桂であった。それより日吉大社では桂を神木として、神の依代《よりしろ》として崇める。

また山王祭の主役たる三柱の神、父・大山咋命《おおやまくいのみこと》、母・鴨玉依《かものたまより》姫《ひめ》、御子・別雷神《わけいかづちのかみ》から、京の松尾大社、下上《げじょう》賀茂社《かもしゃ》とは、深い関係にあることが解る。

『日吉古式祭記』の「挿《かざし》ノ桂ノ事」には以下のように記される。

「大比叡神《おおひえいのかみ》大和國三輪ヨリ遷御《せんぎょ》ノ時携へ給フ御杖ヲ神地ニ差立置《おか》セケルニ後次第ニ生茂リタリ云々《うんぬん》然《しこう》シテ村上天皇康保二年（九六五）正月二十二日禰宜《ねぎ》従五位上《じゅごいじょう》安

後醍醐天皇のご命日にあたるとされる九月十六日、「高殿」や
老衆、氏子らが山道を辿り、「御所谷」での神事に向かう。

後醍醐天皇の行在所があった所と伝えられる「御所谷」山中での神事。
吉野に向かって参拝するという。

元山王様が在ったとすれば、どうして山王様は山を二百二十メートル、下らねばならなかったのか。それは何時《いっ》、そして何のために。

「御所谷」から六十メートルほど下った所に「べべ、してたもれ」という所がある。椎《しい》の大木が目印である。

八瀬童子会の森田一郎氏の父・俊夫氏②によれば、八瀬には、元々「七基」の神輿《みこし》があり、そのうち「三基」が坂本の日吉大社に行ってしまったという。そして残った四基のうち「二基」をそこの椎の大木の根元に埋めた、という。そしてそこを通る時、八瀬の人たちはかつては必ず「べべ、してたもれ」と言って、三個の石を投げたという。

これは誠に興味深い伝承である。柳田國男《やなぎたくにお》によれば日本各地に神輿塚というものがあり、そこは神輿の埋められた所という。柳田は担ぎ手がなくなったので埋められたのであろうという。果たしてそうであろうか。

私は山王信仰、大山咋神の信仰を知るために、或る日、日吉大社を訪れて、そこで宮司の伊達《だて》俊雄氏と権禰宜《ごんねぎ》の井口健《けん》氏からお話を伺った。日吉大社については稿を改めて語らねばならないが、その日吉大社の祭の中心は「みあれ」③祭であることを知ることが出来たのは、大きな収穫であった。四月十二日夜、「午《うま》の神事」で八王子山上から二柱の神の「荒魂《あらみたま》」を乗せた神輿がまるで坂を転がるように降りて来る、勇壮な神輿下しが行われる。そして、その次の夜東本宮拝殿から「宵宮場」に移された神輿が宵宮落としをして、神の御子を誕生させる前の大切な神事として、「シリツナギの神事」が行われ、「みあれ」の祝詞《のりと》が読まれる。大山咋神とその妻の鴨玉依姫《かものたまよりひめ》の各々の「荒魂」・「和魂《にぎみたま》」の四基の神輿が拝殿に入り、夜、新しい神を生む準備をするので

國祝《ほうり》ニ任セラル此時大比叡ノ南ノ門楼ニ大ナル槁《コボク》アリ先例ニ依リテ祭祀ノ日件《くだん》ノ桂ヲ取テ松尾ノ社ニ献ル彼ノ社ヨリ鴨ノ社ニ献ル往昔ノ例カクノ如シ然ルニ件ノ木顛倒ノ後ハ此儀式絶エタリ云々又云賀茂にて葵草に桂を付《つけ》る事四月中日《さるのひ》日吉の祭におれる桂を酉日《とりのひ》賀茂の祭へ遣す賀茂にて葵草に取添ふるをくもろかずらと云ふ云々日吉にては桂祭りと云ひ賀茂にては葵祭りと云へり又往昔七社神輿出御門前ニカキタテ、桂ノ御酒ヲ進ム土瓶ニ（小土器）桂ノ葉一ツ入レテ人別ニ之《これ》ヲ飲《のま》シム云々又先例ヲ襲フテ宮中ニ献リ當日社頭ニ於テ天台座主宮ノ幣使ニモ桂ヲ渡ス例トナリ維新ニ及ヘリ」

②（森田）俊夫氏（一九〇三〜八〇）

●森田俊夫氏は〝歌手〟であった。テイチクレコードからSP盤で〝歌〟を出している。御詠歌《ごえいか》である。この御詠歌は、叡山流といって、代々延暦寺に伝わるものという。近くは、第二百五十三世座主・山田恵諦《えたい》師に、俊夫氏は教えている。「赦免地踊」の最初の音頭「道行《みちゆき》」は、まるで御詠歌である。

ある。この新しく生まれて来る神が上賀茂神社の主祭神・別雷神《わけいかづちのかみ》である。

日吉大社の神輿は全部で七基あるが、このうち四基が東本宮の神輿である。とすると、八瀬の山王様が四基の神輿を持っていたことは、きわめて、あり得ることであろうが、八瀬では、この四基がなぜ二基になったのか、それは担ぎ手が少なくなっただけという理由で説明出来るのであろうか。神輿を埋めるなどということは誠に畏《おそ》れ多いことであり、何らかの宗教的理由がなかったなら、そんなことをするはずがない。

おそらく、最初は東坂本即ち今の坂本と、西坂本即ち今の八瀬は四基づつの神輿を持ち、山王様の祭に平等に参加していたのであろう。しかし、何時の頃からか祭の主体はもっぱら坂本の方に移って、八瀬の人々は重要な役割を果たすことが出来なくなってしまった。そこへ、新しい神、天神様の出現である。そこで、山王様の四基の神輿を二基にして、そのうちの一基を天神様の神輿にしたのではないか。社の場所も、昔の場所から、今の地に移して、山王様と天神様を合祀《ごうし》したのであろう。その時、祭神はむしろ天神様が中心となり、名前も八瀬天満宮となったが、神輿の埋められた所はなお、昔の山王様の社の少し下にしたのであろう。

「べべ、してたもれ」とは着物を着せてくださいという意味であると思われる。「みあれ」祭によって新たに生まれた、神の御子に「産着《うぶぎ》を着せて下さい」という意味ではなかろうか。そしてここを通る時、必ず石を三個、拾って椎の木の根元に投げるという風習は、この三個の石が「みあれ」祭の主体である、父神・母神、そして新たに生まれた御子神を意味するのではなかろうか。

以上が私の推理であるが、この推理を裏付ける多少の根拠がある。それは「高殿《こうどの》」といわれる「一年神主」の行う八瀬の春祭（五月五日）に見られる。一年神主は、普

また俊夫氏は江州音頭《ごうしゅうおんどう》の家元（桜川を名告《なの》る）でもあった。それも踊り歌の方ではなく座敷歌《ざしきうた》という。

③「みあれ」●別雷神（若い雷神→天神）の誕生の儀式を日吉大社では、「午《うま》の神事」を受けて行う「未《ひつじ》の神事」といい特に誕生の儀を「宿院神幸《しゅくいんしんこう》」という。

この「宿院神幸」或いは「未の神事」に御供《ごく》を調達するのは、京は下京の山王町に坐《いま》す日吉神社（延喜年中の創建という）の氏子たち。「日吉山王祭には本社より神饌《しんせん》を献ずるを以《もっ》て例とす」（『京都坊目誌』下京第十一学区之部）。神饌の中に梅徳丸という童子の人形《ひとがた》があるのは興味深い。

④「渡唐天神」●室町に流行した、もう一つの天神信仰である。連歌《れんが》の席の床には必ず、この中国の装いに梅《うめ》が枝《え》を持った天神の絵像が坐した。

連歌と天神——北野天満宮は連歌の盛んに行われる遊芸の場であった。しかし渡唐天神の登場は謎である。越後の真宗寺院では、正

段は梅鉢《うめばち》の小紋の着物のうえに白の浄衣《じょうえ》を着て、紺地に梅が枝《うめえ》を白く染め抜いた頭巾《ずきん》を被るが、八瀬の伝承では、この頭巾は菅原道真《みちざね》が中国から位を戴いた時、その免許状として賜ったものであるという。菅原道真は渡唐の経験はなく、唐から免許状を賜るということはあり得ないが、中世から「渡唐天神」④という信仰が起こり、それは頭巾を被った天神様の姿で表わされる。

八瀬の高殿には甚だ厳しい精進が設けられていて、毎朝五時頃、天満宮に参り、一年中、多くの祭事をこなす。特に五月五日の春祭は正念場である。雨が降ると高殿の精進が悪かったとされる。そして祭の当日、高殿は衣冠束帯姿で、髭《ひげ》を蓄える。それは全く菅原道真その人になることを意味する。高殿には、八瀬の八つの町から、交替に人格立派な年長者が選ばれる。本年（平成十年）の高殿は長谷出《はせだし》の芳賀芳朗《はがよしろう》氏である。一年高殿を務めると頭巾を頂戴出来、老衆《ろうしゅう》と呼ばれ、尊敬される。

こう考えると、八瀬の氏神が山王様から天神様に代わった時、神輿は埋められ、今のような春祭が始まったのではないかと私は思う。

月、この絵像を床の間に掛け、神酒《みき》を供え、お飾りをし、燈明をともしたという。さらに室町の七福神信仰も負っていたという（長沼賢海《けんかい》師）。

連歌師・頓阿《とんあ》が賛《さん》を書いたとか、あの兆殿司《ちょうでんす》（明兆《みんちょう》）が好んで画いたとか、色々にその伝承はあるが、今、残されている絵像のうち最も古いものは、応永二十九年（一四二二／山梨県一蓮寺《いちれんじ》所蔵）のものである。阿弥《あみ》と禅僧がこの〝天神〟には深く関わる。

因みに、「渡唐天神」の師とは、東福寺の開山である聖一国師円《しょういちこくしえん》爾弁円《にべんねん》の師でもある「無準師範《ぶじゅんしばん》」である。

六……後醍醐天皇と十三の国名《ごだいごてんのうとじゅうさんのこくめい》

八瀬と天皇家との関係は深い。昭和天皇の葬儀に、八瀬童子会の人々が供奉《ぐぶ》したことはよく知られているが、その天皇家との関係の源を八瀬の人たちは後醍醐《ごだいご》①天皇の時代に求める。

後醍醐天皇は建武《けんむ》の中興によって、一時王政復古を果たしたが、その権力は不安定であった。それに乗じて足利尊氏《たかうじ》は反乱を起こすが、天皇は尊氏を避けて、叡山に避難する。この時八瀬の人たちは天皇を輿《こし》に担いで、叡山への道を登ったという。これが天皇家と八瀬の人たちとの関係の源であり、それによって租税を免除されたと八瀬の人たちは伝える。このことは古い史料によっては裏付けられず、例の土地争いの時に初めて言い出されたことなので、学者の中にはそれを疑う人もある。

とはいえ、この後醍醐天皇との関係の跡は、現在でも八瀬の人たちの屋号である国②名に残っている。武蔵坊弁慶とか上総《かずさ》五郎とか、備後《びんご》三郎とかいうように国名がついた人名は少なしとしないが、八瀬のように一村の屋号の多くが国名であるというような例は少なかろう。

この国名は十三あり、天皇を叡山へ逃がし、都へ出てその情勢を調査し、報告した功に因《よ》り、後醍醐天皇から頂いたものだという。八瀬童子会の森田一郎氏の家に伝わる、一郎氏より数えて四代前の森田源太郎氏がその父・源三郎氏の文を明治二十八年

①後醍醐天皇（一二八八〜一三三九）●天皇は八瀬では、大切にたいせつに祀られている。九月十六日の〃命日〃と称する日、朝の神事では高殿、副高殿、先年《せんねん》、須行《すぎょう》（執行）、氏子総代、氏子、長老たちが、秋元社の後方より叡山に通づる道を「御所谷」に登る。御所谷には碑石一基あるのみ。南に向かって、供物台（両側に御旅所と同じく自然木の榊《さかき》が植えられている）に注《し》連縄《めなわ》を張り、供物を供え、燈明をともし、お神酒《みき》をあげ、吉野の天皇の御陵に向かって、二礼二拍手一礼し、みなでお神酒を頂戴する。そしてまた、秋元社の後へ出て来る。

午後二時頃より、妙傳寺《みょうでんじ》にて法要。今は寺には住職（荒木《あらき》寂心《じゃくしん》師）がいて「念仏講」を執《と》り行うが、かつては、みな高殿即ち一年神主と同じく住職役は里の人自らが務

（一八九五）に書写した『山城国愛宕郡《おたぎぐん》八瀬村沿革取調書』に、

「建武年度ニ有リテ後醍醐帝様山門御臨幸《ごりんこう》ノ節ノ当村字《あざ》御所谷ト申 所《もうすところ》ニ（只今《ただいま》ニテハ宮ノ谷ト云《い》フ）御入被為有《おんいりなされあり》八瀬者共《ものども》御召ニ相成《あいなり》童子拾三人ヘ国名ヲ授《さず》ケ国名被下是《くだされこれ》迄《まで》相用ヒ来ルナリ」

とある。その国名というのは、河泉（内）・和泉・若狭・丹後・越前・近江・美濃・讃岐・③伊予・④出雲・但馬・備前・⑤武蔵の十三国を数える。

『八瀬記』（谷北兼三郎《かねさぶろう》氏所蔵）には、正徳六年（一七一六）当時の八瀬の人の名が書かれている。

右之一巻八瀬村中子孫の為書志《ためかきし》るしおく者也

正徳六年 丙申《ひのえさる》六月

河原出雲（清海）　小保備前（鈴木）

乙出雲（岸本）　岩松丹後（岩松）

赤岩播磨（赤井）申年神主也左右両庄より一人つつ神役を勤日参詣潔斎

西近江（西田）　申年承仕也当村惣役者一年勤（以下略）

名前を書かれた人たちは合計九十四人であるが、その殆どに国名が付いている。「河原出雲」「小保備前」などはまだ解るが、「豆腐屋近江」とか「ちゝ伊豫《いよ》のまし」とか「阿坊伊豫の阿坊」「さる丹後のさる」などという奇妙な名前が出て来る。因《ちな》みに国名を数えたところ、伊予が十六人、出雲が十二人、丹後が十人、讃岐が九人、河内が九人、近江が八人、播磨が五人、備前が三人、和泉が三人、越前が三人、若狭が二人、美濃が二人、武蔵が二人、但馬が一人である。この国名の中には先述の十三国以外に播磨が出て来る。また古老の伝えでは、「伊勢」という屋号もあったといい、少し数

めた。死者供養の念仏が称えられる前に、弔うべき死者の名が住職によって読み上げられる。即ち

—

後醍醐天皇

明治天皇

昭憲《しょうけん》皇太后

大正天皇

貞明《ていめい》皇太后

昭和天皇

應円満院殿（近衛基熙《このえもとひろ》）

済川院殿（秋元喬知）

大解脱院殿（近衛内前《うちさき》）

如是閑院殿（近衛家久）

與楽院殿《よらくいんどの》（近衛家熙《いえひろ》）

温恭院殿（徳川家定《いえさだ》）

長円寺院殿（板倉勝重《かつしげ》）

文昭院殿（徳川家宣《いえのぶ》）

健中院殿

香川院殿

②国名●国名は屋号となるが姓ともなった。氏子総代の松井昭氏の国名は伊予で屋号は松伊予。この松伊予から「松伊」が出て来て松井となったという。

③伊予●保司博《ほしひろし》氏の屋号（国名）も、伊予である。発音は「ボショ

が合わないが、或いは播磨や伊勢は後から付け加えられた屋号であろうか。

この十三という数字には、もう一つ別な根拠がある。天台宗の一僧侶が書いた『蹇《けん》驢《ろ》嘶《せい》餘《よ》』という文の中に、

門跡の御輿《みこし》舁《か》き　八瀬童子なり。閻魔《えんま》王宮より帰る時、輿を舁きたる鬼の子孫なり。十二人を一結びといふなり。これは浄衣《じやうえ》を着して、髪を唐輪にわげるなり。長《をさ》一人は浄衣にて、髪をさげて、神輿《みこし》の前に行くなり。以上十二人、今は御下行が造作なり。故に西坂本の下法師神輿を舁くなり。

とある。つまり、叡山の門跡の輿を担いだのは十二人一組であったというのである。それに長が一人あり髪を下げて、十二人の童子は稚児のように髪を唐輪にしていたという。この髪型は当時の八瀬童子を特徴づける髪型である。これがいわば、「門跡の駕《か》籠《ご》舁《か》き」の格好であったのであろう。こうしてみると、「十三」というのは駕籠を舁く人とその長の人数であると思われる。

谷北兼三郎氏（一八七九〜一九五七）が、九十四の人名をいちいち現在の八瀬の姓と照らし合わせて細かく考証したのが、先に挙げた屋号の下の（　）内に記した現在の姓である。不明なものも大分あり、惜しいことだと谷北氏は嘆いているが、この考証は、今後八瀬を調べる者にとっては大変貴重である。「阿坊」なども後に「阿保」と記され、「あほ」と発音されるが、これなども「安房（千葉県）」が訛《なま》ったものかも知れない。

このようにみると、八瀬の人たちの多くが所有している屋号の国名は伝承通り、後醍醐天皇の御輿を担いだ八瀬の人たちの祖先に与えられたものであるという可能性が強い。この国名については昔から色々な説があり、各々の国から来た人が八瀬に住み

ヨ」という。それは「保司伊予」の訛《なま》ったものであるが、この「保司」姓、一説には「小法師」から来ていると伝えられているという。「小法師」——この名称は、八瀬の人々が叡山に仕えた法師（僧）の末裔《まつえい》であることを物語っている。

④出雲●こんなカタリがある。八瀬の人は、その昔、出雲の国へ半島から渡来した民で、木工の技をもって彼の地に居住した。最澄が比叡山に延暦寺を建立する際、その技、秀れたるによって、大工の匠《たくみ》として、京へ招かれた。人々は根本中堂など様々な建造物を建てた後、出雲へは帰らず、叡山の西の山麓に住んだ。（保司博氏談／古老よりの言い伝え）

⑤武蔵●この国名については、やはり武蔵坊弁慶を念頭において考えたい。八瀬の物語には、「源平の合戦」のカタリがいくつも残されている。弁慶については、「背競《せくらべ》石《いし》」というものが残っていて、谷北兼三郎氏の『八瀬大原の栞』には以下のようにある。

八瀬の里には、屋号にあたる伊予、出雲、丹後、讃岐などの「国名」をもつ伝統がある。手前に写っている玉川家は「玉河内」を継いでいる。

比叡山を仰ぐ八瀬の歴史と伝統は、後醍醐天皇の時代に遡る。

着いたという説もあるが、八瀬の人たちの多くが他国から来た人であるとは考えにくい。八瀬の人たちの中には冗談のように、「自分たちは山賊や海賊の子孫であり、その山賊や海賊の出身国の名を名告《なの》ったものであろう」と言う人があるが、そんな山賊や海賊を都の近くに住まわせておくほど、律令政府は甘くはあるまい。また或いは、比叡山には武蔵坊弁慶のように国名を持った坊があり、その名称が八瀬にも適用されたのではないか、という説もあるが、叡山の坊が殆ど国名で呼ばれたという証拠は見付け難い。私はやはりこの時期を考えれば、危急の時を助けられた後醍醐天皇がこの十三人の八瀬童子たちに十三国の何らかの役人にしてやるという手形を与えたのではないかと思う。守《かみ》や介《すけ》は無理にしても、掾《じょう》以下の何らかの位を約束することはありそうなことである。この国名が多く都の近くの国に限られているのもそのためではなかろうか。遠国は武蔵と出雲であるが、この二国はいづれも人によく知られている国である。

この約束は後醍醐天皇の吉野への御幸《ごこう》とその後の南朝の衰亡によって果たされず、手形は空手形になったが、八瀬の人たちはこの後醍醐天皇によって授けられた、手形の約束を忘れず、自らの屋号としたのではなかろうか。

○辨慶背競石

天神社鳥居の傍に在り、傳《つた》へ云《い》ふ辨慶 戯《いたづら》に叡山より提《ささ》げ來《きた》りしものなりと。

またこんな話も伝わる。

「武蔵坊弁慶、その怪力をもって洛中に多量の味噌を買いにいく。何しろ、大層な力自慢である。味噌の量は大樽一杯。今《いま》、天満宮の鳥居の脇に坐す弁慶石を分銅《ふんどう》よろしく担《にな》い棒の片一方に掛け、そして同じ重さの味噌を買った。ところが弁慶、その味噌の香りにつられて、一舐《なめ》、二舐。ついに叡山への登り口・八瀬天満宮に辿《たど》り着いた時には、味噌樽に入っている味噌はみな平らげてしまっていた。仕方ない。弁慶は分銅代わりに用いていた石を、その場に放り出して、さっさと叡山に帰って行った」

（保司博氏談）

七……「赤前垂《あかまいだれ》」と貞明皇太后《ていめいこうたいごう》

八瀬の人たちと天皇家の深い関係を示す国名即ち屋号の「十三」という数字は、また八瀬の人たちが宮中に奉仕する人数でもあった。明治以前のこと、即ち御所が京都に在った時のことはよく解らないが、都が東京に遷《うつ》ってからは後醍醐天皇に戴いたというこの国名の故事に従って、十三名が「仕人《つこうど》」として奉仕した。四年で交替することになっていたが、希望すれば続けることが出来た。給料も悪くなかったので、一生宮中に務めて八瀬に帰らなかった人も多かったという。

このような「仕人」としての経験を持つ人たちは、今ではわずか二、三人になってしまった。その一人が「八瀬童子会」元会長の山本六郎氏である。私は去る日、山本氏から親しくお話を伺った。山本氏は昭和十二年から十六年までお務めをしたが、当時八瀬の人々には昔のように陛下の御入浴のお湯の管理とか、健康管理のために引き出し様の箱に入れられた「下のもの」を侍医の許《もと》に運ぶとかいう仕事はなくなって、表宮殿で受付や来客の御案内をするのが主な仕事であった。

山本氏が特に強調されたのは、御所で使われる言葉が八瀬に残っている、ということである。例えば、八瀬では「みなさん」というのを「おんらー」というが、これは「御身等《おんみら》」という言葉が転じたものである。また、あの有名な「げら」という八瀬言葉は、「下郎」即ち、天皇を前にしての謙譲語が、訛《なま》ったものという。

①「赤前垂」●御所に奉仕する「小原女《おはらめ》」の衣裳から生まれたという。大原の大原女《おおはらめ》、白川の白川女《しらかわめ》、幡枝《はたえだ》の物売り女、梅ヶ畑の「畑の姨《おば》」などの服装と混同されがちだが、八瀬の前垂は二幅半《ふたはばはん》、他は三幅という。この幅の差は、紐の結び目が前に来るよう工夫されたもの。高貴な方の前で後を向いた時、結び目が見えないようにしたのがその起源という。

②貞明皇太后（一八八四〜一九五一）●名は節子《さだこ》。公爵九条道孝《みちたか》の四女。十七歳で後の大正天皇と結婚。昭和天皇と三親王（秩父宮・高松宮・三笠宮）の母。その人となりは、同じ藤原氏出身の聖武天皇の皇后・光明子《こうみょうし》に比される。

③「高等女官」●その様子は例えば以下のようである。

「大宮御所でのお務めは、私の人生にとっての誇りです」。紋付に赤前垂という催事の折の衣装を着け、およそ五十年前を回想する玉置鈴子さん。

四隅に房がついた「縫いの手拭」を被り、細帯、前掛をつけ正装した八瀬の里の小原女(おはらめ)。大原の里では大原女(おはらめ)と表わす。

このような十三人の男性とともに、八瀬の女性もまた、代々宮中に奉仕した。八瀬の女性の宮内省での正式な職員名は「雑仕《ざつし》」という。しかし八瀬の女性は、黒の紋付に赤い前垂《まえだれ》をして、ハレの席に臨んだので、①「赤前垂《あかまいだれ》」が通称となった。

この「赤前垂」を経験した女性がただ一人、今、八瀬にいる。玉置鈴子《たまおきすずこ》さんという今年（一九九八）、七十二歳になる御婦人である。或る日、我々の求めに応じて鈴子さんに八瀬の公民館に来て頂き、お話を伺った。鈴子さんは優雅な方で、「大原女《おおはらめ》」ならぬ「小原女《おはらめ》」の服装をして来られた（八瀬では大原の「大原女」と八瀬の「小原女」を区別して、各々「おおはらめ」、「おはらめ」と呼ぶ。大原ではそのまま「大原女」は「おはらめ」）。細帯（一寸二分）を前で結んで、前垂（二幅半）の上へ、その結んだ細帯の端を出している様子はかつて御所務めをした頃も赤い前垂がどんなに似合ったであろうかと思いやられた。

鈴子さんの話は面白かった。「仕人」として奉仕した人の話は色々記録に残されているが、「赤前垂」として奉仕した女性の話は全く記録に残っていない。鈴子さんは昭和十八年、齢《よわい》十八の時に宮中に務め、二十二年の夏八瀬へ帰って来た。鈴子さんの記憶は鮮明で、当時のお話をお聞きしていると、五十年前の宮中の様子がありありと思い浮かべられた。

鈴子さんが務めたのは、大宮御所である。御所には大正天皇の皇后・昭和天皇の御②母・貞明皇太后が住まわれていた。皇太后に仕える女性は、③「高等女官」が十人（そのうちの二人は「御用掛」といって、通いで既婚者である）、④「判任女官」が十五人、そして「雑仕」（上女中に当たる）が五人、「おこたち」という高等女官の世話をする女性が三人。以上が正式の宮内省の職員で、その他にプライベートに雇う、「御家来《ごけらい》」という

「大原慶子が女官として宮中に奉仕したのは大正七年九月、数え年十六歳の秋であった。お雛様の三人官女みたいに、髪の鬢《びん》を左右にひろげ、元禄袖の友禅の着物に緋《ひ》の袴をはくのがおきまりになっていた。

はじめおやといになり、三年たてば心得《こころえ》になり、それから二年たつと本官になった。それまでは着物だけしか許されないが、本官になれば色物のワンピースを着ることになった。

本官になると、大正時代はお上《かみ》から源氏名《げんじな》を賜わった。大原慶子はつつじという名前をいただき、つつじの内侍《ないし》と呼ばれた。

女官の源氏名はすべて優美な花の名や植物の名で呼ばれた。女官の位には典侍《てんじ》、権典侍《ごんてんじ》、内侍、命婦《みょうぶ》などがあった。女官になるとお部屋をいただいた。八帖、六帖、四帖半、三帖の部屋に、それぞれ台所、湯殿《ゆどの》、便所がついていて、一人の女官に家来《けらい》が三人ついた。家来というのは女中のことであった。この女中たちは、自分の仕える女官のことを、『だんなさま』と呼びならわし、掃除、洗濯、炊事

女性が高等女官に各々三人、判任女官に各々二人、雑仕にも一人付いていたので、全部で百人ほどの大所帯になる。直接、貞明皇太后のお世話をするのは高等女官であるが、その高等女官の仕事を補うのが判任女官で、その人たちのお世話をする人のお仕事のお手伝いをする人にもまた、お世話をする人がいるという具合である。こういう話を聞くと、『源氏物語』などに描かれる後宮を想い起こす。平安朝の後宮が昭和の時代までまだ残っていたのである。こういう女性だけの世界は色んな点で大変であったと思われるが、鈴子さんは、結構楽しかった、と言われる。

　鈴子さんには色々⑤食べ物の話をして頂いた。例えば、お魚は「おまな」と言い、お餅は「おかちん」と言い、お酒は「おっこん」と言う。「おかちんをお火どりあそばして」というのは、「お餅を焼く」という意味である。また陛下のお誕生日に「宮城」から贈られる「おべた」というお餅を戴いたのが有り難かったという。

「『おべた』というのは楕円形の大きめの薄いお餅の周りに塩餡《しおあん》が付いた、神事の『おすべり』(お下がりもの)でしたが、それがお櫃《ひつ》にいっぱい入って参りました。私たちはそれにお砂糖を入れておぜんざいにして頂きました」

「鯛《たい》なども、塩焼きもありましたが、洋風の調理をされた鯛が思い出に残っております。中にいっぱい詰め物が入っておりました。陛下は一口か二口、お手をお付けになるだけで私たちは『おすべり』として頂戴致しました。私どもにとってはもちろん見たこともない料理で、その美味《おい》しさは今でも忘れられません」

　昭和十八年から二十二年といえば最も食料の不足している時代である。我々は玉蜀《とうもろ》黍《こし》の入った飯すら腹いっぱい食べられなかった。そういう時に鈴子さんたちは下がりものといえど、美味しいフランス料理を食べていたのだから羨《うらや》ましい限りである。

その他の雑用を果たすのである」
（『貞明皇后』主婦の友社）

④「判任女官《はんにんにょかん》」●判任女官は、御膳《ごぜん》掛《がかり》・御道具掛《おどうぐがかり》・御服掛《ごふくがかり》（三仲間）に分かれ、女孺《にょうじゅ》または権女孺の身分であった。

　判任女官の具体的仕事は、例えば「御服掛」はお着物のお仕立。「御膳掛」は、御所のお清所《きよどころ》（台所）で、メイン以外の料理（メインは大膳掛〈大膳寮〉が作った）、付け合わせや副菜――漬物やお梅酒なども調《ととの》えた。その手伝いを「雑《ざつ》仕《し》」がした。野菜を洗ったり、ゆでたりの下ごしらえや、お梅酒の具合をみたりするお役である。糠《ぬか》漬《づけ》の上手な人に「松枝《まつがえ》さん」という、五十歳位の、名古屋から来た方がいた。陛下は好んで「松枝さんのお漬物」を召したという（鈴子さん談）。松枝さんは身分は雑仕であるが判任女官と同様の仕事を受け持っていた。

⑤食べ物の話●台所仕事には、以下のような心構えが求められた。「総てに清浄さが求められました。まず身が汚れていてはいけま

もう一つ鈴子さんの話で印象に残ったのは、大宮御所が空襲で焼けた時の話である。御所には一トン爆弾が命中しても大丈夫という、地下のビルともいうべき地上一階、地下二階の建物があり、空襲警報が鳴ると「御動座《ごどうざ》でございます」といって、大宮さま(皇太后)がまずこの防空壕にお入りになり、そして次々に、大宮さまに仕える女官が防空壕に入るのである。昭和二十年五月二十五日、とうとう御所は空襲に遭《あ》って全焼してしまった。御所には局から奥へ続く屋根の付いた立派な回廊があったが、その廊下が煙突のようになってたちまちのうちに燃え尽き、そこにあった一切の立派な御道具類なども灰燼《かいじん》に帰したという。

そこで鈴子さんたちは大宮さまとともにまず軽井沢に避難し、その後沼津の御用邸に移ったが、軽井沢では善光寺などに参らせて頂き、沼津では美味しい烏賊《いか》の胴詰めを、里の人々から戴き、夕食の御馳走になったという。こうして鈴子さんは五年間宮中に務めて、結婚のために八瀬に戻って来た訳であるが、帰る人はごく少数で、殆どの人が一生御所で過ごされたという。

今はこの御所の生活も変わったに違いない。鈴子さんは奈良時代以来ずっと続いた後宮の生活の最後の体験者であり、最後の語り部であろう。

せん。『清し(キヨシ)』でなければそのお勤めは出来ないんです。

お台所は『中清(ちゅうぎょう)』『大清(おおぎょう)』に分かれていました。『大清』は陛下の、『中清』は私らのお台所です。

御膳掛の、中井さまという長老の方から『おまけさん(赤不浄)やおへんどすな』とまず聞かれます。それから、草履や着物の裾をさわった手はいけませんでした。『オツギ(次清)』はいけないと注意されました。とにかく、腰から下は不潔である、というようなお考えがあったのでしょうね」

(鈴子さん談)

そして、次のような特別な〝食〟の日があった。

「お玉肉なし日」。これはお精進の日。月に五回ほどあった。四日、十一日、二十四日、二十五日、三十日。この他に春秋の彼岸の一週間、また先帝のご兄弟の方々のお日柄《ひがら》(ご祥月《しょうつき》)。

「冷紅茶《れいこうちゃ》とカステラ」。お活動《かつどう》の日のおやつ。映画が終わると各々、局や奥に戻るのだが、その時必ず全員に冷紅茶とカステラが振る舞われた。

八

八瀬と法然《やせとほうねん》

最澄《さいちょう》が開いた比叡山延暦寺は、東塔《とうとう》と西塔《さいとう》と横川《よかわ》に分かれている。東塔というのは、大体滋賀県側に属し山の東側に当たり、陽当たりの良い所である。そこに根本中堂《こんぽんちゅうどう》を囲んで戒壇院や阿弥陀堂、山王院、浄土院、文殊楼、大講堂などの延暦寺の主な建物がある。いわば比叡山延暦寺の中心部である。それに対して、西塔というのは大体京都府側にあり、山の西側の斜面に当たり、従って陽はあまり当たらない。

根本中堂から歩いて二、三分東に行った所に、金勝院法然堂《こんしょういんほうねんどう》という小さな御堂があるが、そこはかつて法然①が師・皇円《こうえん》②の許で出家した所で、剃髪《ていはつ》の故地と伝える。『四《し》③十八巻伝《じゅうはちかんでん》』という、浄土宗の宗門が主に依っている法然の伝記に従えば、叡山において法然は三人の師を持った。最初は源光《げんこう》④、二人めが皇円、三人めが叡空《えいくう》⑤である。このうち源光は、今一つ存在のはっきりしない僧であるが、皇円と叡空はその名をはっきりと歴史の中に残す。

皇円は粟田《あわた》関白藤原道兼《みちかね》の四代の孫《そん》であり、名門の出自である上に、当時の天台教学においても一、二を争う学者であり、『扶桑略記《ふそうりゃくき》』という歴史書の著者でもある。従って叡山における皇円の社会的地位は高く、根本中堂の近く琵琶湖が一望に見渡せる、陽のよく当たる所に居住していたのも当然であろう。こういう師に就けば、抜群の秀才の誉れ高い弟子・法然の出世は疑い無いと思われるが、法然は何故かこの師を

①法然●八瀬には法然の伝承はない。しかし、法然が十五歳より四十三歳まで約三十年間籠《こ》もったと思われる黒谷青龍寺《くろだにせいりゅうじ》は、今も八瀬秋元町にあり、法然はしばしば、この黒谷別所《べっしょ》より里へ出る最も近道である八瀬の宮山を直下して八瀬天満宮(正確には秋元社の裏手)に至ったと考えられる。

そして何よりも「源平の争乱」の血生臭い伝承がこの地に伝わっていること――「法然房は死者供養をした一聖《いちひじり》と捉えることが出来る」(岡見正雄)――このことが、八瀬の法然の存在を示していると思う。

天満宮の入口に坐《いま》す「矢負坂《やおいざか》の地蔵尊」は源平の乱で戦死した強《つわ》者《もの》どもの供養の仏である。また「磔(かけ)の観世音」は、「平治の乱」に敗れた源義朝(一一二三〜六〇)が、敗走の折、自ら刻した観世音

比叡山の西斜面、深い樹林の谷間に「法然修行の地」黒谷・青龍寺がある。青龍寺本堂。

青龍寺近くから八瀬の集落を望む。

青龍寺の参道入口から、細く急峻な山道を少し下ると、八瀬の一集落と京が望める。

離れ、一介の隠遁した念仏者に過ぎなかった叡空の弟子となった。

法然堂は、伝承によると皇円の住房のあった所で、昭和七年、西山《せいざん》浄土宗に属する柳谷《やなぎだに》観音即ち楊谷寺《ようこくじ》の貫主《かんしゅ》であった日下《くさか》俊隆氏によって、法然の遺蹟として再確認され、今は脇本政敏氏が主事として管理している。そこに法然の得度の尊像があり、また勝尾寺《かちおじ》にある法然の最晩年の御影の写しであるという絵像がある。高僧にふさわしい御姿であるが、老いの影が深く差している。

叡空は横川で念仏を始めた恵心僧都《えしんそうず》源信《げんしん》の流れを汲む融通念仏の祖、良忍《りょうにん》の弟子であるが、彼は、この叡山の中腹にある、西塔黒谷青龍寺《くろだにせいりゅうじ》に住んでいた。この寺は山に囲まれた殆ど陽の当たらない谷間の地にある。そしてそこは⑥別所《べっしょ》と呼ばれていた。別所というのは、本寺を離れて僧侶が自由に住む所、いわば世捨人《よすてびと》が集まり彼らが静かに死を待つ所であった。ここに叡空が居を構えたのは、一つにはここが世捨人として自由に住める地であったためであろうが、一つには都へ出て浄土念仏を布教するのに便利であったからであろう。青龍寺の今の住所は八瀬秋元町である。つまり八瀬の中に青龍寺はあるのである。

法然の伝記で最も古いとされるものは愛弟子・源智《げんち》の編纂した『⑦醍醐本《だいごぼん》』であるが、それに依れば法然は十歳の頃、彼の故郷美作《みまさか》の菩提寺で叔父・観覚得業《かんがくとくごう》について出家をしたが、その学才は尋常でなく、田舎の寺に置いておくのは勿体ないといって、観覚は法然を叡山に送ろうとした。そして父に別れを告げに来た法然に、父は、「私は近く殺されるに違いない、殺されたら私の菩提を弔ってくれ」と言ったという。今でいえば学業優秀で東大に入学しようとし、別れを言いに来た息子に対して、父は何ということを言ったのであろう。おそらく父は近く自分が殺されるに違いないと思う不安

に祈ったという跡である。

また「斎藤実盛甲ヶ淵《さいとうさねもりかぶとがふち》」はあの怨霊となった実盛(?〜一一八三)の遺跡である。彼は義朝に従っていたが、形勢不利を知り、「義朝公は既に死んだ。もう甲冑《かっちゅう》はいらぬ」と言って、甲冑を投げ捨てた。これを叡山の山徒三百人が競い奪う間に逃走したという。因みに実盛の本貫地は越前、生国は武蔵である。

実盛の怨霊伝説は全国に流布する。このカタリは時衆《じしゅう》の徒が運んだ。

②皇円(?〜一一六九)●通称、肥後の阿闍梨《あじゃり》。藤原重兼《しげかね》の子。

その最期は、彼の著書『扶桑略記《ふそうりゃくき》』の如く説話的にカタられる。弥勒菩薩《みろくぼさつ》の出現を待つために、遠州の桜ヶ池に投身して大蛇に化したと。その六年後、法然が皇円に会いにゆくと、皇円は人の姿にて池に浮かび、そして、数々の奇瑞《きずい》を法然にみせる。(『遠州櫻ヶ池由来演説』明治二十六年参照)

③『四十八巻伝』●徳治二年(一三〇七)、後伏見上皇の勅命に依って

で心がいっぱいであったのであろうが、息子の方は思い掛けない父の言葉にどんなに強いショックを覚えたであろうか。法然は予定通り十五歳で比叡山に上り僧になった。そして父は言葉通りその年、殺された。

『醍醐本』では法然の師を初めから叡空としている。法然は父の死を聞いて暇を取って遁世したいと師の叡空に申し出た。しかし法然の学才を惜しんだ叡空は遁世の人でも無知なのはよくない、「天台三大部《てんだいさんだいぶ》」を勉学してからでも遅くはないと勧め、法然は三年で「天台三大部」をマスターしたが、その後も黒谷の叡空の経蔵に籠居《ろうきょ》したという。少年法然の心の底に既にこの世に対する深いふかい絶望があったのであろう。

『醍醐本』は法然の師は叡空一人であるという説を採るが、先述の『四十八巻伝』は法然が師を源光から皇円へ、皇円から叡空に変えたという説を採る。皇円から叡空に師を変えた理由も、やはり法然の心の底にある深く世を厭《いと》う心故であるという。

　この八瀬にある黒谷青龍寺は比叡山の山内寺院であるが、法然上人の旧蹟として現在浄土宗知恩院の研修道場を兼ねている。谷間《たにあい》に一軒ぽつりと建っている寺で、ここに住むのは大変であると思われるが、この青龍寺をお守りしているのは歯切れの良い関東弁を使う小島静穏《じょうおん》師である。今でも周囲には猪、鹿、狸、狐、ムササビ、貉《むじな》など多くの獣が出現するという。法然の時代はもっと周囲に寺があったのであろうが、それにしてもやはり隠者にふさわしい住まいであることは否定出来ない。

　ここで法然は三十年近くの時を過ごしたが、法然が浄土仏教を極めれば極めるほど法然の説は師の説と対立するようになる。その対立の中心点は念仏を従来のように観想即ちイマジネーションを主として考えるか、それとも善導《ぜんどう》に従って念仏を口称《くしょう》念仏と考えるかである。法然は念仏を口称として考えない限り智恵なき凡夫は救われな

制作された。編集は叡山功徳院《くどくいん》の舜昌《しゅんじょう》。知恩院蔵、国宝。

④源光（生没年不詳）●西塔北谷持宝房《じほうぼう》。持法房とも。法然の諱《いみな》・源空は、この源光と黒谷の叡空上人から一字づつもらったもの。

⑤叡空（?～一一七九）●融通念仏《ゆうづうねんぶつ》の祖・良忍《りょうにん》上人の弟子。この師と弟子・法然の関係は「観仏《かんぶつ》」と「称名《しょうみょう》」をめぐって激しく対立する。

⑥別所●遊行《ゆぎょう》する聖《ひじり》の寄る地。一種の開放区。この黒谷青龍寺別所は、叡山や東山の聖たちの集う地として全国的に知られていた。他に高野山、天王寺が聖たちの別所として有名。高野山は西行が修行の地。
　ここからは宗教者はもちろん、芸能の徒が多く出た。大原別所勝林院は、融通念仏の良忍の別所ともいえる。天台声明《てんだいしょうみょう》が今に伝わるのは、融通念仏がその基底にある故。

⑦醍醐本●勢観房源智《せいかんぼうげんち》（一一八三～一二三八）の筆録に依る伝記。

いと考えたが、伝統的説をとる叡空はそれを認めなかった。そして師弟の間には激論があり、師は怒って木枕を法然に投げ付けたという（『四十八巻伝』）。それでとうとう法然は四十三歳の時、山を下りた。下りる道は当然この青龍寺から八瀬天満宮に通ずる道であろう。この道は叡空も法然もしばしば通ったに違いない。

黒谷を出た法然はあちこちを転々とした後に西山《にしやま》の広谷《ひろたに》、東山の黒谷《くろだに》、及び大谷《おおたに》に移るが、総《すべ》て法然の住所は「谷」と呼ばれる所であることは注意する必要がある。彼は陽の当たらない、じめじめした谷こそが孤独な隠遁者である自分に最もふさわしい所であると考えていたのであろう。

当時の人は法然のことを黒谷の上人といった。それはいわば世捨人の好んで住む別所、黒々とした谷に住む聖者という意味であろう。

源智という人は平氏の一流で、そのため命を狙われた。加茂神宮寺（功徳院）に寂《じゃく》す。功徳院は、現在の百万遍知恩寺。

青龍寺と八瀬とは「黒谷道」と呼ぶ細い山道で結ばれている。
青龍寺の地で修行した法然も京への近道であるこの道を辿っていたことであろう。

九……近江の小野氏《おうみのおのし》

京都市に「小野郷《おののごう》」という地名を持つ所が三か所ある。一つは左京区（旧愛宕《おたぎ》郡）の上高野《かみたかの》から八瀬・大原にかけての地である。もう一つは北区①（旧葛野《かどの》郡）の杉阪・中川を含む山間の地である。さらにもう一つは、山科《やましな》（旧宇治郡）の深草《ふかくさ》の地である。これらは小野氏の領地であったと思われる。

小野氏を有名にし、繁栄の基礎を作ったのは小野妹子《おののいもこ》である。秦《はた》氏を有名にしたのは秦川勝《はたのかわかつ》であるが、妹子と川勝はともに聖徳太子の重臣であった。聖徳太子の二人の重臣が、いづれも京都の歴史を考える時、無視することの出来ない存在であることは興味深い。

この小野氏の根拠地は、一体どこであろうか。これを決定することが出来るのは、小野氏の墓と神社の位置であろう。上高野の崇導《すどう》神社の境内の裏山から妹子の子・小②野毛人《えみし》の墓誌が出て来たのである。その墓誌にははっきりと以下のように記される。

（表）飛鳥《あすか》浄《きよ》御《み》原《はらの》宮《みやに》治 天 下《あめのしたしろしめしし》天 皇《すめらみことの》
御朝《みかどに》任《まける》太政官《だいじょうかん》兼《けん》刑部《ぎょうぶの》大卿《たいきょう》位《くらい》大錦上《だいきんじょう》

（裏）小野毛人《おののえみし》朝臣《あそん》之墓《のはか》
營造《えいぞうの》歳《とし》次丁丑《はひのとうしに》年《やどれる》十二月《しわす》上旬《じょうじゅん》即《すなわち》葬《ほうむれり》

このことをもって、小野氏の本貫地を旧愛宕郡におく説があるが、私は少し違った

①北区（の小野）●『山州名跡志《さんしゅうめいせきし》』巻之六に以下のようにある。

○葛野郡
小野 所《ところ》ノ名 岩屋ノ北二十餘《にじゅうよ》町《ちょう》ニ在リ 上小野。下小野。又上村。下村トモ云フ。總《そう》ジテ此自《これよ》リ西北ニ雙《なら》ンデ。東河内 西河内 上村 中村 下村 眞弓 細河 杉《すぎ》坂《ざか》等ノ村アリ。供ニ小野ノ庄内也。

今は愛宕郡《おたぎぐん》から北区になっている岩屋山志明院《しみょういん》のある雲ヶ畑の出谷《でたに》、そして中畑・中津川もかつては葛野郡の「小野郷」であった。

②小野毛人《おののえみし》の墓誌●
「○小野毛人墓
［小野氏系圖］に云《いわ》く毛人は敏達《びだつ》天皇の曾孫妹子の毛野男《けぬのおとこ》なり墓は高野川の北崇道《すどう》天皇の社山上一町許《ばかり》にあり人其所を蹈《ふ》むときは

考えを持っている。この旧愛宕郡の小野郷と呼ばれた上高野・八瀬・大原を通って、「途中越《とちゅうごえ》」から東に行くと滋賀県の志賀町の小野に出る。そこには小野氏の祖先を祀《まつ》る小野神社③があり、妹子の墓と伝えられる唐臼山古墳があり、その上、小野氏の一門で出世した二人の人間、小野 篁《たかむら》と小野道風《とうふう》を祀る神社がある。

小野氏の先祖を祀る社があり、小野妹子の墓があるこの志賀町を、小野氏の本拠地とすべきではないかと私は思う。とすれば何故上高野の地に毛人の墓を建造したかということになるが、それは当時の小野氏の領地で、都の在った飛鳥の地に最も近いこの地が選ばれたのではなかろうか。

志賀町は、小野氏から見れば本家に当たる和邇《わに》氏の根拠地の一つでもあった。和邇氏は応神天皇以来皇室に強い影響力を持つ氏族であり、その女子たちは多く天皇の妃となっている。何故かその女子は皇后にはならなかったが、和邇氏が大変有力な氏族であったことは間違いない。和邇氏は孝昭《こうしょう》天皇の皇子・天押帯日子命《あめのおしたらしひこのみこと》の子孫と称し、その分かれが大宅《おおやけ》氏、粟田氏、小野氏、阿那《あな》氏、大坂氏などになる。かの柿本人麻呂《かきのもとのひとまろ》の柿本氏もこの和邇氏の分かれなのである。しかし後に本家の和邇氏は衰え、春日氏と名を変え、天武天皇の御代の「八色姓《やくさのかばね》」の授与の時に、大春日《おおかすが》といって朝臣の筆頭に置かれるが、春日氏からはめぼしい政治家は出ず、その繁栄は分家に当たる小野氏や粟田氏などに奪われた。

私は先頃、この志賀町小野の里を訪れた。小野の里の人たちは、こぞってずっと昔からこの小野神社を氏神として祀ってきた。小野氏の祖先は『新撰姓氏録《しんせんしょうじろく》』に、米餅搗大使主命《たがねつきおおおみのみこと》とある。その名からみてもこの人はこの地に稲作農業を伝えるとともに、「使主」という渡来人に多い官名なので、おそらく外交を司ったのではないかと思わ

則ち響《ひびき》をなすの地あり土人これを怪む事年舊《ふる》し慶長十八年癸丑《みずのとうし》十二月土人高村政重《たかむらまさしげ》といふものこれを掘りて石棺を得たり内に金牌《きんぱい》一枚あり(長《ながさ》二《に》尺《しゃく》許《ばかり》幅《はば》二《に》寸《すん》許《ばかり》)〈中略〉此牌公命によつて人家に安置すといへども祟《たたり》あるによつて村民恐怖して又元の石棺へ収むといふ今此金牌の摸《うつし》高野村寳幢寺《ほうどうじ》観音堂に安置せらる。」

(『拾遺都名所図会《しゅういみやこめいしょづえ》』巻二)

因みにこの墓誌は京都国立博物館へ委嘱、レプリカが上高野の菩提寺・浄土宗西山禅林寺派霊芝山《れいしざん》宝幢寺《ほうどうじ》に所蔵される。

③小野神社●中古までは、天足彦《あめたらしひこ》国押人命《くにおしひとのみこと》と小野篁が、また米餅《たがね》搗大使主命《つきおほおみのみこと》と小野 匠守《たくみのかみ》道風命がご一緒に祀られていた、という(「小野神社奉賛会員手帳」)。また伝道風筆の「大般若経」六百巻が蔵される。社殿は、篁神社とともに重要文化財。本地仏、十一面観音立像。

④御旅所《おたびしょ》●御旅所とは、最も霊的な聖地である。神々は祭の日、そこに宿ることで霊威を増す。かつ

小野氏の先祖を祀る小野神社。
秋祭りに供えられた「粢(しとぎ)」。

千二百年来伝承しているという小野神社の十一月二日の簽祭。
簽を吊した注連縄を張り、宮年寄たちが「お伊勢さんとお天道さん」に向かって拝礼する。

れる。先に言ったように和邇氏は孝昭天皇の子孫ということになっているが、渡来系の氏族の匂いが強い。こう考えると、和邇氏の分家の小野氏から小野妹子という、聖徳太子の片腕となって新しい中国外交を行った政治家が出たのは当然といえる。その子孫からまた篁と道風という、唐の文化に精通した文化人が出たのも頷《うなず》かれる。それ故小野神社の氏子たちが祀る最も盛大な祭は「春祭」即ち篁・道風神社の例祭なのである。

　篁・道風神社の例祭は五月五日に行われる。宮年寄《みやどしより》の「一老《いちろう》」村田吉一《よしかず》氏や区長の岡村敬市《けいいち》氏、氏子総代の大道《だいどう》一雄氏等に聞いた話によれば、祭の次第は以下の通りである。五月四日、宵宮の日の午後七時半頃、篁の神霊を乗せた神輿《みこし》は、道風神社へ向かう。そして道風の神霊を乗せた神輿を待ち、④御旅所《おたびしょ》へは行かず、一緒に、篁神社即ち小野神社に戻る。そしてそこで二基の神輿は一晩過ごす。翌日の本祭の五月五日午後五時頃、初めて二基の神輿は御旅所へ向かう。二基の神輿は御旅所で神事を終えると、還行《かんぎょう》といって午後六時には、各々の鎮座地に戻る。まず道風の神輿が道風神社へ帰り、篁の神輿がさらに北上して篁神社に帰る。そして神輿頭《みこしがしら》の「大祭おめでとうございます」の言葉をもって、祭は終わる。

　この春祭の次第を聞いているとまるで、「おじいちゃんが孫の出世が嬉しくて孫の所に迎えに行き、そしておじいちゃんの所に孫が一泊してゆっくり昔話をする。それをまた御先祖さんがあたたかく見守っている」という感じがする。

　この春祭に祭の主役になるのは篁と道風であるが、祖先の米餅搗大使主神も、秋祭にひっそりと村人だけで祀られる。その祭を「粢祭《しとぎまつり》」という。「粢祭」は、一般には冬、田の神が山の神となって、山に帰られる折に持って行く「おみやげ」即ち「粢《しとぎ》」

て御旅所は、道風神社の東南の地・文殊《もんじゅ》神社（一老《いちろう》村田吉一氏の家の傍に今も元文殊神社として在り）であったが、開発のため、東南の地に移った。文殊神社は、今は道風神社の摂社となっている。

　篁神社の坐《いま》す地が本来の御旅所の役を担っていること、そして五月四日の宵宮《よいみや》の夜の「道風さん、お迎えの神事」といい、五日早朝の「神饌《しんせん》の儀式」が篁さんのお社から出発した一行が、道風さんの摂社・樹下《じゅげ》神社（日吉大社より勧請）へまず御供《ごく》を献ずることから考えても、この祭もまた道風さんが主役のように見える。樹下神社に御神饌を供えるのは、「御留守居《おるすい》役《やく》、ごくろうさまでございます」という気持を籠めてのことという。小野の人々はこの二柱《ふたはしら》の神を、篁さん、道風さんと「さん」付けで呼ぶ。

⑤丹波の或る地方●北桑田《きたくわだ》郡《ぐん》美山《みやま》町樫原《ちょうかしわら》の大原神社の摂社・川上神社の祭礼。かつては「鮓講《すしこう》」と呼ばれた。

　現在は「烏《からす》田楽」と「山の神事」「五菜の神饌の儀」のみ残る。「烏

を作る神事である。それは、藁苞《わらづと》にうるち米を搗《つ》いたものを入れ、山の神にお供えした後、祭に参加した者でその場で食するものである。⑤丹波の或る地方の祭礼では、これを「オシロイ餅《もち》」と呼んでいる。食べると口の周りが白粉を塗ったように真白になるのでこの名があるという。

しかしこちらの饗は、材料が糯米《もちごめ》であること、藁苞も糯米の新藁を用いることなどが変わっている。この饗を十二本作り、小野の里の三か所の道々で、朝伐《き》ったばかりの斎竹《いみだけ》(青竹)を道の両脇に立て、注連縄《しめなわ》を渡し、その注連縄に、十二本の饗が吊されるのである。その注連縄の前で二人の宮年寄が二礼二拍手一礼を南へ向かってする。これは「伊勢皇大神宮とお天道《てんと》さん」に祈っているのだという。

残念ながら十一月二日のこの古風な祭に参加出来なかった私は、「みやげ」に、特別に作って頂いた、特に大きな饗を三本頂いた。おそらく、この饗は米餅搗大使主命の時代以来あまり変わっていないのであろう。また饗は持ち運びに便利に出来ているので或いは長い旅路に携えたのかも知れない。

私は近日この三本の饗を味わい、米餅搗大使主命や小野妹子を偲《しの》んでみたいと思っている。

田楽」のカラス役にはその祭礼の仕人《つこうど》のうち最も若い人がなる。烏帽子《えぼし》裃《かみしも》姿で、カア、カア、カアと三度鳴いて飛ぶ。これを里山でも繰り返す。そしてこの里山での田楽の後、御神饌の「オシロイ餅」が当役と見物人に振る舞われる。今は「鮓講」の、その名さえ廃れているが、唯一御神饌の中に、小《こ》鯖《さば》の熟鮓《なれずし》のあることが、この祭の名の名残り。

祭礼は現在、十月十日。「山の神事」ではこの日、山に鍵が掛けられる(Y字型の小枝を木の枝に吊す神事)。オシロイ餅が山の神さまへの「みやげ」であることが解る。因みにこのオシロイ餅の入った藁苞一本と、もう一本、中に籾殻《もみがら》を入れた苞を作り、山の神事が終わると直ちに二つの山苞をその場で焼く。籾殻の入った方は燃料という。

唐臼山古墳の頂きにある妹子神社（近江・志賀の里）。
祠の背後には小野妹子の墓と比定される石室がある。

志賀町にある道風神社。

大原と小野於通《おおはらとおののおつう》

柳《やなぎ》田《た》國男《くにお》に依れば、個人にして神になるには二つの条件を満たさねばならぬという。一つは、その人間が生前普通の人間が持たないような力を持っていたこと、もう一つは、その人間が流罪或いは横死《おうし》に遭い、余執妄執が残る形で死ぬことである。柿本人麻呂や菅原道真はこういう二つの条件を満たし、死後まもなく神になった。しかしこの第一の条件が満たされなくても、その死の有様があまりに凄惨だった人間はそれだけでしばしば神として祀《まつ》られるのである。あの『義経千本桜』の狐忠信《きつねただのぶ》で有名な佐藤忠信、或いは『四谷怪談』で有名なお岩さまなどは、その死の有様のあまりのむごたらしさ故に神になったといえる。

京は洛北大原の里にもそのような死によって神となった女人がいた。その名を小野於通《おつう》という。於通は大原の里・上野①の生まれであるが、鄙《ひな》には稀な美人であった。或る時彼女は敦賀街道（鯖《さば》街道）を行き帰りする若狭の殿様に見染められた。於通もまた深く殿様を愛した。しかし、美しいとはいえ、田舎娘を愛したのは殿の一時の気まぐれ、やがて殿は心変わりして、於通を遠去けた。こういう話はよくあることであるが、於通の方は殿様への思いが募るばかり。一説には胸を罹《わずら》ったという。彼女は、小野氏一門の昔の人である小野小町のように、会えない恋人に会いたい一心が募って、殆ど正気を失ってしまった。

①上野（の於通）●「小野の於通」は上野の生まれといわれる。そして上野（正確には野村町九軒と上野町五軒の両町合同）の花尻《はなじり》の森で、於通の〝尾〟は守られている。尾（御神体）の坐《いま》す黒い箱は、こちらは蓋《ふた》がなく、御幣《ごへい》が入っている。御幣その上に真蓙《ござ》を掛けている。御幣の大きさに合わせてか、野村の黒い箱と比べると、横・縦ともに長く、長方形で高さは低い（横七五×縦四七×高二二センチメートル）。

上野の祭事は於通さんのお墓では行われず、江文《えぶみ》神社の御旅所であり尾を祀る花尻の森で行われる。月日も野村とは違う。まず一月十日、花尻の森に「於通さんの蛇体」を表わすような「勧請吊り」が張られ、「御供物《おくもつ》」と称される御神饌と御供《ごく》が供えられる。

五月五日（かつては四日）も、一月十日と同様に於通さんの小祠

漂うかのように。大蛇に似た早朝の「小野霞」。
於通の怨霊ともいう大蛇は三つに斬られ、頭と胴は画面中央に見える大樹のもと、
「乙が森」に祀られている。

そんな折、殿様の行列が大原の里を通りかかった。彼女は殿様恋しの一心でその行列に近寄った。彼女の形相は、かの「道成寺《どうじようじ》」の清姫の如きものであったに違いない。彼女は一匹の大蛇になって行列の前に横たわった。殿様一行がそれを許すはずはない。蛇身となった彼女は三つに斬られ、その尾は「花尻橋《はなじりばし》」の下を流れる高野川に捨てられた。殿の行列はその屍《しかばね》を残して、何事もなかったように若狭に帰って行った。村の人たちは、尾をその花尻橋の袂《たもと》の江文《えぶみ》神社の御旅所に祀り、胴と頭を草生《くさお》にある乙《おつ》が森《もり》に葬った。

その後、大原の里に色々天変地異が起こり、大原の人は於通の祟《たた》りといって於通の霊を鎮魂することにしたのである。

現在、野村②の十七軒の人は於通の頭と胴が入っているという黒い箱を一軒一軒毎年交替で神棚にお祀りして、八瀬の一年神主と同じように、当屋《とうや》の主(当役)は精進潔斎をする。もっとも、八瀬ほど厳しくはないが、それでも於通の霊を祀る部屋へは女性は入れず、肉や魚やネギやニラ、ニンニクのような匂いの強いものは、その部屋に匂いが入らないように襖《ふすま》を閉めて食するという。

於通の祭は、野村では於通の命日といわれている三月十日(但し、平成十一年度より、三月十日に最も近い日曜日)で、普段は殆ど村人も入らない乙が森で蛇の形の勧請《かんじよう》縄《なわ》を張り、そこにお供物《そなえもの》をして、於通の霊を慰めるのである。そして一年お祀りして、その祭の日、当役は交替する。「おうつり」は「一の暗がり」(おおよそ、夕方の七時頃)に行われ、当屋の主が、黒い箱に袴《はかま》を掛けたものを運び手に大切に渡し、運び手はそれを恭《うやうや》しく目の高さに掲げ持ち、前後二人が警固し、次の当屋の家まで送る。この黒い箱を運ぶ姿は決して人に見られてはならない。

に御供物が供えられる。この時、同じ日に祭のある梅の宮の神輿と花尻の森で逢う(梅の宮の御祭神はコノハナサクヤビメ、女神である)。御供物は梅の宮へも供えられる。

御供物の御神饌は特殊なもので、杉葉を束にしたものの上に、ユリダ或いはウルシの木に挟んだ、青海苔・若布《わかめ》・干柿を刺す。またこちらの御供とは、半紙に包んで水引で口を結んだ御飯のこと。他に金平糖とスルメを添える。

十二月十六日か或いは都合で十五日、於通さんの次の宿への「おうつり」の儀が行われる。

於通さんの「古文書」類は野村で保管。上野は、これを見ない。

②野村(の於通)●かつては野村十七軒で「見てはなりませぬ」の黒い箱(横二九×縦二九×高二〇センチメートル)を御神体として守って来た。現在は十五軒で守る。野村には「於通さんの財産」ともいうべき書類(文書)が黒い箱の御伴をする。

三月十日の於通さんの命日(かつては旧暦で二月十日であった)

尾の方は野村九軒、上野六軒が、一年毎に交替で祀る。野村と上野では約六百メートル離れている。こちらは、何故か女性が加わり、どうやら祀る中心は若い女性らしい。というのは、交替の時女性が、尾が入っているという黒い箱を頭に載せて次の当屋の家に運ぶ。次の当屋の家でも、それを受け取るのはやはり女性、若嫁である。こちらも神事は「一の暗がり」に行われるが、こちらの「一の暗がり」は朝の七時頃である。最近は、軽トラックに若い女性を乗せて運ぶ。

祭は、尾が葬られているという江文神社の御旅所・花尻の森で五月五日に行われる。奇妙なことに、この尾の方の祭は、上野と野村で交替に行われる訳であるが、その交替の神事の時、上野と野村はお互いに何の連絡もとらず、言葉も交わさず、ただ御神体を持って行って置いて来るだけである。

尾を祀る祭の方は、五月五日のお供えをする神事の他に、一月十日の「勧請吊り」、そして十二月十五日或いは十六日に行われる「おうつり」に分かれる。五月と一月の祭も、上野と野村が一年交替でその神事を務めるが、この日も二つの里の間には何ら交流がない。

於通の祭について、古文書が多少残っているが、その中には古くは寛政とか文化・文政という年号があるので、江戸時代の後期には既にこの祭は始まっていたと思われる。すると、この於通の惨殺事件が起こったのは、江戸時代中期ということになろうか。世の中には傲《おご》り高ぶる権力者に一時の慰みものとされ、捨てられた女性の例は数限りなくあるが、神となったのは、この小野於通ぐらいであろう。何故於通は神になることが出来たのであろうか。それはその死のあまりのむごたらしさ故であろうが、もう一つは、この大原③という土地と小野という姓の故ではないか。

には、花尻の森に一月十日に飾られるのと同様の〝蛇〟を表わす勧請縄が吊され、そこに、半紙に包んだ、御神饌（干柿・若布・落花生・金平糖・アラレ）が漆《うるし》の枝に挟まれ縄目に十三本刺される。その様は白い花が咲いたように奇麗である。

野村の「おうつり」は、祭の日（命日）と同日の「一の暗がり」――但し、こちらは、夜の七時頃、暗闇の中、次の当屋に着いた一行は、戸を叩き訪問を知らせる。二拍手して当役に御神体の箱を渡し、御神体が神の間に鎮座すると、当役が、使者と伴の二人に「ごくろうさんでした」と礼を言う。この間はずっと無言である。蓋は閉められたままなので、誰も黒い箱の中身は知らない（一説に御正体は〝枡《ます》〟という）。

こちらでは、勧請吊りをした後から、「おうつり」の儀の間、「直《なお》会《らい》」が盛大に行われる。御馳走がその年の当屋の主より振る舞われる。

③大原（の於通）●かつて於通は上野と野村で、尾も頭も胴も一緒に

八瀬から大原一帯によく朝霧が立つ。夜中に霧が立ち明け方になると消えてしまう。この自然現象を、土地の人は「小《お》野《の》霞《がすみ》」という。あたかもその霧の姿は蛇のようである。「小野霞」は小野氏の怨霊《おんりょう》であるという説がある。そういえば小野氏には古来から怨霊になる人が多くあった。かの小野　篁《たかむら》は昼は律令政府の高級官吏として働き、夜は地獄に行き閻魔《えんま》大王の裁判の手伝いをしたという。「この世」と「あの世」に通じた小野篁も結局藤原氏に廃せられ、隠岐へ流罪になる。そしてこの篁の孫というのが小野小町である。小野小町は絶世の美人といわれながら、晩年は落魄《らくはく》し、諸国を流浪して歩いた。また大原には皇位を追われた惟喬《これたか》親王が住まわれた御所跡と墓所があるが、この惟喬親王も「小野宮」と呼ばれる。

小野には怨霊が付き物であるように思われるが、この怨霊の血を承けて、小野於通も怨霊となり、神となったのであろうか。

祀られていた。その証拠の文書が「野《の》々《の》村《むら》定《さだめ》書《がき》の事」である。以下その一部。

「勤むる処の神役は毎年、郷中惣《そう》氏神《うじがみ》、江文大明神の御神事の節、競馬《くらべうま》の馬壱疋《いっぴき》、献馬いたし、常々神務の儀は二月十日より翌年二月十日まで上野村野村隔年に御神躰、預かり奉り神務相勤めそうろう事、古来よりの定めなり」

日付は、天保十年（一八三九）二月とある。

この一文で気になるのは「於通の祭」と江文神社との関係である。江文神社の御神体は、金比羅山、山上の三つの岩窟火壺・風壺・雨壺。古代の自然信仰の名残《なご》りである。

そして中世、於通は女性宗教者＝芸能者として登場する。大原には女性の説経師《せっきょうし》がいた。彼女の名は伝わらぬが、こちらは、浄瑠璃『十二段草子』の作者ならぬ、説経『かるかや』の作者で、「女太夫」とのみある（室木弥太郎《むろきやたろう》「『せっきょう』の周辺」）。

蛇体となった小野於通、斬られた尾が流されたという江文神社御旅所前の高野川上流（花尻橋畔）。

十一……大原と惟喬親王《おおはらとこれたかしんのう》

京都の人は、「八瀬大原」と言って、八瀬と大原をセットにして考える。しかし八瀬と大原はずいぶん違う。地形的に見ても、大原にはかなり広い平地があり、そこにごく普通の日本の田園風景が見られる。洛中からそんなに離れていないが、風景はまるで田舎の風景である。ちょっと桃源境の観がある。この、都に近く在りながら都と違った大原は、「大原女《おはらめ》」という独得な風俗をして頭に黒木を載せた女性の姿によって有名であるが、京の人はこのような女性に或る種の異邦の女性の魅力を感じていたのであろうか。

近代日本画に新しい二つの芸術運動があったことはよく知られている。一つは、明治の終わりに起こった岡倉天心《てんしん》に率いられた横山大観《たいかん》、菱田春草《しゅんそう》、下村観山《かんざん》等による日本美術院の運動である。それはモネとかマネなどの前期印象派に影響された日本画革新運動であった。それから約二十年遅れて、中井宗太郎を理論的指導者として、土田麦僊《ばくせん》、村上華岳《かがく》、小野竹喬《ちくきょう》、榊原紫峰《しほう》、入江波光《はこう》などによって国画創作協会の運動が始まった。これはゴッホとかゴーギャンなどの後期印象派に影響されたものである。

ゴーギャンはタヒチに移り、しきりに現地の女性を描いた。おそらくゴーギャンに倣《なら》ったのであろう、土田麦僊は大原女の絵を多く描いている。第八回文展（一九一五）、第六回国展（一九二七）にも大原女を描いた絵を出品して人々を驚かせた。ゴー

①小松氏●小松という姓は平家の末裔を称する人の姓に多い。また「平家落人部落《へいけおちうどぶらく》」の伝承を持つ所に「小松」の地名が分布する。この小松姓、「小松の内府・平重盛《たいらのしげもり》公」より由来するという。

②久保吉郎家●木地師《きじし》の祖としての伝承では、久保家は近江小椋《おぐら》の庄から来たという。都を逃れて近江に入った親王に従ったのが、幼い頃より親王をお守りし、木地師・小椋姓の元となった藤原実秀《さねひで》そして堀川中納言等である。久保家は、この一統より出たという。随臣たちは近江で二年、政所職《まんどころしょく》として務めたが、親王が大原の里に移る折、供奉《ぐぶ》したのが、久保家の祖であった。しかし親王薨去《こうきょ》後、実秀は、久保家の祖（おそらく藤原姓）に「大原に残り、親王の御魂《みたま》をお守りするように」と言った

ギャンがタヒチの女性に見出した原始的な生命の輝きを、土田麦僊は大原の女性に見出したのである。

この土田麦僊の弟子に、大原に定住し好んで大原の風景を描いた画家がある。その名は小松均《ひとし》①。小松均氏とは私はいささか親交があったが、氏はやはり根っからの奇人画家であったと思う。氏と私は二度ほど対談したが、その対談で「どうして京都に来られましたか」と問うたら、小松氏は「女から逃げて来たのだ」と、そしてまた、「どうして大原に引っ込んだのですか」と問うと「京都で女とトラブルを起こして大原に追われたのだ」と答えた。そして京都市の文化功労者になった時、氏は「自分は刃傷沙汰を起こして京都に居られない人間である。それなのに京都市から賞状をもらって、申し訳ない」と挨拶した。その刃傷沙汰というのは具体的に何かは知らないが、五十年も前のことで京都市長を初め、その場にいた人は、そのことは全く知らず、小松氏の言葉に驚いたものである。

小松氏は大原で、武者小路実篤《むしゃのこうじさねあつ》の「新しい村」のような生活をしていた。幾つかの棟に分かれた家があり、行く所のない人が来るとそこに泊め、一緒に田畑を耕して、暇があると絵を描くという生活である。家を訪ねても小松氏がどこにいるか解らなくて大変困ったことがある。しかしその絵は素晴らしい。そして力強い。大原の風景といっても、山も川も、田も家もそれ自体が伊藤若冲《じゃくちゅう》の絵のように生き生きとして、生の喜びの歌を歌っているかのようである。小松氏はまた、延々何十メートルにも及ぶふるさとの最上川の風景を描いている。

大原というと、私はこの小松氏を思い出すのであるが、ここに隠棲した小野宮惟喬《これたか》親王の見た風景も、小松氏の描いた大原の風景とあまり変わりなかったのではないか

という。これを機会に姓も「久保」に改めたという。

「元慶五年、第七回忌の御忌まで、供奉の銘々、御名残の物を借るなり。御廟《ごびょう》、御宮《おんみや》等、御守護奉り、出来まては、御菩提《おんぼだい》のための西方を営み、小椋太政大臣《おぐらだじょうだいじん》殿は君《きみ》ヶ畑《はた》へ成り行き来たりなせらる。時に寛平九年に西方院《さいほういん》ならびに御像、御位牌等、成就なる。これより御像、御位牌等、西方院に安置奉り、第二十三回御忌《ごき》営み、我々先祖は向後一統、久保と改め、この所に止まり、御廟、御社、御菩提寺等、大切に守護すべく、我らにおいてはこれより君ヶ畑へ越し、君公なし置きあそばされそうろう旧跡を守護に行き、末永く隔意あるまじく誓いなし置かる。時に昌泰《しょうたい》二年三月に御自身の従者、召し連れられ、君ヶ畑へ引っ越しなさる。この時、三十七人の内、一人を連れらる。この人、後に上坂村《かみさかむら》に住居して、今、政所郷士上坂と申し、地にあらる。また、小椋太政大臣殿、堀川中納言殿の末孫、今に君ヶ畑に連綿としてこれあり。大岩右近、これすなわち小椋太政大臣殿の末孫なり。このほか従者末葉、

大原に隠棲した惟喬親王の墓が、この森の奥にある。

凜々しい表情に品格と威厳が溢れる、僧形の惟喬親王像。見詰めるような鋭い眼差し、
真摯に合掌する手の相にも心に響くものを感じさせる（大原・久保吉郎家所蔵）。

と思われる。惟喬親王は文徳《もんとく》天皇の第一皇子であり、文徳天皇が大変かわいがり、皇太子にして末は皇位を譲ろうと思われたが、右大臣藤原良房《よしふさ》を慮《おもんぱか》って、良房の娘明子《あきらけいこ》が生んだ生後わずか九か月の惟仁《これひと》親王（後の清和天皇）を皇太子とされた。惟喬親王の母は紀名虎《きのなとら》の娘・静子であるが、紀氏は衰退に向かっていて、藤原氏の敵ではなかった。やがて文徳天皇は亡くなったが、この死にも疑いを抱く人がある。何故ならば「徳」の付く天皇は、例えば崇徳《すとく》上皇、安徳天皇など、総《すべ》て流されたか殺されたかという天皇である。死後、徳を讃える諡《おく》り名を贈ることによってその怨霊《おんりょう》を鎮魂するため、「徳」の字が付けられたのであろう。それ故に「文徳」という、あまりに立派過ぎる名を贈られた帝は、その死を疑われても仕方がないであろう。

こうして政治的に苦境に立った惟喬親王は、大原の地に隠棲する。この惟喬親王と、かの美男の歌人、在原業平《ありわらのなりひら》は大変親しく、惟喬親王が水無瀬宮《みなせぐう》に居た時、いつも狩りの御伴をしていたが、狩りはあまりせず酒を飲んだり歌を詠んだりした、という話が『伊勢物語』にある。そして、人の心は変わり易いもので、大原に隠棲した惟喬親王を訪ねる人もあまりなかったと思われるが、律儀な業平は或る冬の雪の大原に惟喬親王の寓居《ぐうきょ》を訪れた。惟喬親王は大変お喜びになった。二人は昔話に耽《ふけ》って、時の移るのも忘れたが、業平は夕方には帰らなくてはならず、泣く泣く別れたという。

忘れては夢かとぞ思ふ思ひきや
雪ふみわけて君を見むとは

業平は女性ばかりでなく、男性に対しても優しい心を持っていたのである。そしてこの大原の里には惟喬親王の御殿の跡があり、墓があるのである。

惟喬親王のお住まいになった所を御所田《ごしょでん》と称するが、親王薨去《こうきょ》後、昌泰《しょうたい》二年（八九

残らずかの地にこれあるなり。下せ置かれそうろうところの御綸旨をもって、諸国本地の運上、今もって君ヶ畑へ取ること、この謂われなり。右は子孫のために由緒味わい細かく取り調べ置きそうろうものなり。」（『政所《まんどころ》家由緒《ゆいしょ》』〈久保吉兵衛在判〉慶応二年）

西方院は天正年間（一五七三～一五九二）、自然廃寺となり、御尊像、御位牌は久保家に奉安《ほうあん》されることになったという。

③薬師如来立像●像高十八センチメートル。薬師は久保家に伝わる「霊泉《れいせん》」と深く関わる。曰く。

「此靈泉は　天長年間（八二四～八三四）に弘法大師《こうぼうだいし》の御靈威に因り萬人攘癘《じょうれい》の為大師の高弟真《しん》済僧正《ぜいそうじょう》に依り開基せられたものと伝えられている　以来井泉《せいせん》の傍に一宇を建て薬師如来を安置す　貞観九年（八六七）文徳天皇の第一皇子惟喬親王此地へ来られ小野山麓に籠居《ろうきょ》された後御出家遊ばされるや御信仰淺《あさ》かざりしと伝えられている」（「井泉由緒」昭和六十二年　久保吉郎）

霊泉に関しては別に民間信仰と

九）頃に西方院という寺を造り、惟喬親王尊像をお祀《まつ》りしたが、廃寺となり、この尊像は親王の側近であり、かつ木地師《きじし》・藤原実秀《さねひで》の後裔《こうえい》であると伝えられる（川上美博説）②久保吉郎《くぼきちろう》家が代々お守りして来た。

私は先日この久保家を訪れて、吉郎氏の妹である和子さんに惟喬親王の尊像及びその念持仏という薬師如来立像③を見せて頂いた。この惟喬親王の尊像（座像／像高五十一センチメートル）は素晴らしかった。玉眼《ぎょくがん》が入っているところをみると鎌倉時代のものであろうが、それは正しく惟喬親王という人間の本質をよく捉えている。おそらく何らかの既に存在していた像を模したものであろう。その尊像の凛々《りり》しい御顔からは、帝王としての品格と威厳が満ち溢れている。いかにも聡明そうにみえる御顔の目の縁や口の辺りに心なしか寂しさが漂っている。

惟喬親王は在原業平ばかりか実に多くの老若男女に慕われる人であったらしいが、この像にも惟喬親王に寄せる作者の並々ならぬ愛情が溢れている。日本肖像彫刻の一つの傑作といってよい。

して次のようなカタリが伝わっている。

「昔むかし、悪戯ものの白狐《びゃっこ》が毎度ゝ田畑を荒らしていた。怒った村人、これを追う。白狐は久保家の竈《かまど》に隠れる。哀れに思ったこの家の老女、白狐を逃がす。すると〝白狐の恩返し〟？ 或る夜、老女の夢に白狐現われて『東北の地を掘りなさい。一年に一日、六月十六日に水が湧きます』と言う。その通りにすると霊泉が湧き出た。この水、胃腸の病、田畑の害虫の駆除等にご利益《りやく》あると、全国より信心する人絶えることなし」

この一日だけの霊水、今では、疫除《やくよ》けのご利益とされている。一説に親王の薬師信仰は父文徳帝より伝わるものという。

十二……惟喬親王と雲ヶ畑《これたかしんのうとくもがはた》

惟喬《これたか》親王の隠棲の地と伝承される土地は洛北大原の地以外に、京都のもっと西北の①雲ヶ畑（現在の北区）にもあると聞いて過日私はそこを訪れた。訪ねるに当たって、一冊の史料が思いがけなく手に入った。それは、昭和三十九年に発見された『小野宮御《おののみやご》殿之在所《てんのざいしょ》並《ならび》ニ由来《ゆらい》』という書名の本（以下『由来』と記す）で、永正十年（一五一三）、この雲ヶ畑に住む、波多野家の祖先波多野友治入道道正《ともはるにゅうどうどうしょう》が奈良の生駒山《いこまやま》にある岩屋《いわや》山宝山寺《さんはうざんじ》に納めたものである。それが波多野家の親戚に当たる、当時、奈良市に住んでいた大神《おおが》氏の一人、大神源太郎氏に昭和三十九年十一月に譲り渡された。私は、北区の小野郷、現在の大森東町の郷土史家・長克己《おさかつみ》氏にその写しを見せて頂いた。

『由来』に依《よ》ると、惟喬親王は皇太子争いに負けて、紫野《むらさきの》の常康《つねやす》親王の御殿の傍らに新しい御殿を建てて住まわれたけれども、嘆き深くして狂気のようにならせ給《たも》うた。それで乳母の畑小岩《はたのこいわ》が心配して雲ヶ畑の、今の岩屋山志明院《しみょういん》の前身の岩屋山金峯寺《こんぶじ》に参詣するように勧めた。そして乳母の祖父・蟬丸《せみまる》という者がそこに住んでいたので、そこへ屋敷を建てて住みたい、と天皇に願い出たところ、天皇はそれを許されたので、親王はそこに宮を建てて住まわれ、小野宮と称した。親王は詩歌や猟や社寺詣りをすることを楽しまれたが、ついに貞観《じょうがん》十一年（八六九）五月、髪を切って耕雲《こううん》入道と名《な》告《の》り、宮を耕雲寺という寺とし法名を素覚《そかく》と号した。そして、その御殿に籠《こ》もってひ

①雲ヶ畑●地名由来に出雲《いづも》の国との関係を説くものがある。即ち昔むかし平安遷都《せんと》の折、出雲の国より多くの大工がやって来て平安京造営に携わった。仕事を終えても、出雲には帰らず、この地に住み、それ故この辺一帯を初め「出雲ヶ畑」と呼んでいたが、いつの頃からか「出」の字がとれて「雲ヶ畑」になったと。この出雲より職能の民がやって来て、彼の地に住み着いたという話は八瀬にもあった。曰く。延暦寺建立に力を発揮した人々が、後に八瀬の里に住し、屋号を「出雲」とし、今にその血脈を伝えていると。
　一方で、雲ヶ畑のこの「雲」と親王の御在所・高雲寺の名は親王の出家名の一つ、耕雲に依るともいう。
　また『山州名跡志《さんしゅうめいせきし》』巻之六（一七一一）に、

京の北山、山懐にある雲ヶ畑の里。

たすら経文を書写し給うた。この惟喬親王のお世話をしたのが小野長友②である。やがて小野長友は死んだが、その死を親王は深く嘆かれ、ついにご病気になられた。病が重くなるにつれ、この度は養生も叶《かな》うまい、やがて死ぬであろうがここは御所の川上、死んでこの地に葬られることはよろしくないと思い、小野十郷の一つで、もっと西北にある大森の地へ移って、そこで亡くなられた。

　また『由来』には小野宮の地図が載せられていて、ここが宮の場所だとか、ここが御女中の部屋だとか、宮の近習《きんじゅ》の部屋だとかいう詳しい地図が描かれている。またこの地を小野と名付ける所以《ゆえん》は、木工頭《もくのかみ》小野長峯《ながみね》が延暦十三年（七九四）京都遷都の時、内裏《だいり》御造営の材木調達の役を仰せつかったからだという。長峯は、同族の小野峯守《みねもり》の次男である篁《たかむら》をいったん養子として入家させたが、篁と長峯は合わず、この小野郷の一角に分家させた。この篁の子供が長友で、長友は故あって、祖父長峯の跡目を継いだ。長友は惟喬親王に仕え、ついに名を「畑野」（後に「波多野」）に改めたというのである。長友の娘を牧姫といい、惟喬親王の妃となり皇子を生んだ。また蟬丸は、聖徳太子の孫で、弓削《ゆげ》王の子だという。

　もちろん、室町時代に書かれたというこの『由来』は百パーセントは信用出来ないが、隠された歴史の一端を知る何らかの助けになることは否定出来ない。この地は平安建都の時から木材の供給地で、小野氏がその宰領をした可能性が高いことは、小野氏の血を引くかの書聖・道風が木工頭をしていたことによっても解る。また惟喬親王は一時、紫野に居られたが、そこで落胆激しく狂気のようになられたというのは、この英邁《えいまい》で神経質な皇子にふさわしいような気がする。そしてその心の病を癒《いや》すために雲ヶ畑の岩屋山金峯寺に詣り、ついに乳母の里のあるここに居を定めたという話も、

「夫《そ》レ此ノ谷ヲ雲畑ト云フハ。往昔薬王菩薩《やくおうぼさつ》出現ノ靈地ナル故也。衆生ノ病苦ヲ救ハン爲ニ。諸《もろもろ》ノ薬草・薬木ヲ生ズ。仍《よっ》テ東西ノ山上。常ニ其薬花絶エズシテ。匂西方ニ薫《くん》ズ。仰デ山上ヲ見レバ。宛《あたか》モ諸色ノ雲ヲ生ズルカ如シ。是レヲ以テ雲カ畑ト號スル也。菩薩降臨ノ地ハ。此村ノ北岩屋山《いわやま》是也」

　とある。薬師は親王の念持仏で現在の岩屋山志明院《しみょういん》に降ったという。

②小野長友●『小野宮御殿之在所並ニ由来』に依れば、この人、最初は真弓村《まゆみむら》に居を構えたが、後に〝畑〟（雲ヶ畑／岩屋畑）にやって来て、小野宮惟喬親王の守護に当たったという。これは勅命であった。そして政所職を賜わり、その折、「畑の小野」を略して、家名を「畑野」に改めたという。貞観十二年（八七〇）四月大病を患い、子の長春《ながはる》に政所職を譲る。

　そして長春の代より畑野を波多野の三字に改めたという。これもまた宮の命であったという。この人の記述で気になる「貞観十五年二月二十日當宮遂に崩去　依て剃

史書には語られていないが、ありそうな話である。おそらく紫野ではまだ身の安全が保証されなかったのであろう。それで、この山奥の人の通わぬ乳母の里に居を移したら、安楽に生き延びることが出来るかも知れないと、父天皇も思われたというのも、むべなるかなである。

この『由来』を読んで私は雲ヶ畑を訪れた訳であるが、まず波多野氏の子孫である郷土史家の波多野秀雄氏及び雌宮《めんどりのみや》の氏子総代・塚本勤氏の案内で雌宮に詣った。その雌宮が即ち惟喬神社であった。親王は雲ヶ畑の北にある桟敷《さじき》ヶ岳で狩をし給うたが、その名の由来は、山頂に桟敷を作って京都を見渡されたので「桟敷ヶ岳」の名が付いたという。また狩の時に親王がいたく愛していた雌の鷹が死んだ。それでその鷹を埋めて祀《まつ》ったのが、この雌宮であるという。ところが、惟喬親王がこの雲ヶ畑から大森へ移られ、そこで亡くなられた時、この死んだはずの雌の鷹が一際高く鳴いたという。その鳴声で村人は惟喬親王の異変を知り、改めてこの鷹の親王への思いの深さを感じ、ついに親王と合わせ祀ったというのである。惟喬親王と雌の鷹の間の並々ならぬ愛情を語る話であるが、雌の鷹には何らかの意味が含まれているのであろうか。

次に、波多野秀雄氏に御殿のあった中畑の高雲寺③に案内して頂き、またその後、高雲寺の檀家総代・波多野文雄氏には、高雲寺に蔵されるたくさんの史料、親王を偲《しの》ぶ遺物等を見せて頂いた。

高雲寺は見晴らしの良い、高い所にあり、狭隘《きょうあい》なこの地にあってはかなり広い場所である。そこに『由来』にある地図のように色々な御殿が建っていたのであろうが、今は耕雲寺から高雲寺と名を変えた小さなお堂がわずかに過去の栄光をとどめているのみである。そして、ここに、惟喬親王が書き写したという「惟喬般若《はんにゃ》」六百巻が惟

髪雲居法師《うんごほうし》と号し　耕雲寺に入りて御中陰を勤む　後洛（中）に入り東山に閑居す」の一文――

長春の住んだ寺は、雲居《うんご》寺。ここは東山の遁世者《とんぜもの》の拠点であった。

③高雲寺●かつては耕雲寺と書いた。現在、江州《ごうしゅう》・臨済宗永源寺末《りんざいしゅうえいげんじまつ》（こちらの住職は同じく永源寺末の、京は西の京にある西王寺《さいおうじ》の住職が兼務）。

中畑町《なかはたちょう》では、今も年の変わり目は、一月二十二日。この日、人々は高雲寺に集い夜から朝にかけて「お日待講《ひまちこう》」を行う。この日をもって前年が終わり、新しい年に入る。同日、昼は「未進講《みしんこう》」が行われる。今は寺の護持組織だが、かつては、助け合いの互助組織であった。伍《ご》頭《かしら》が講の一切を取り仕切る（波多野文雄《はたのふみお》氏談）。古風が残る。

御尊牌には、表〈當寺開基四品《とうじかいきしほん》惟高親王《これたかしんのう》〉裏〈人皇五十五代文《じんこうごじゅうごだいもん》徳天皇第一皇子法諱素覺貞觀十《とくてんのうだいいちおうじほういそかくじょうがんじゅう》五年二月二十日壽二十六城《ごねんきさらぎはつかよわいにじゅうろくじょう》州小野郷雲端九龍山高雲禅寺《しゅうおののこおりくもがはたくりゅうざんこううんぜんじ》什物《じゅうぶつ》〉とある。

因みに大原上野の久保吉郎家の

中畑の集落から急な坂道を登ると、別天地のような場所に高雲寺がある。
寺は禅宗の山寺らしい素朴なたたずまいで、庭からは
見晴らしの良い風景と「松明上げ」の地も望まれる。

喬親王の御尊牌《そんぱい》とともに残っている。

また、ここ雲ヶ畑は「松明上げ《まつあ》」で有名な所である。松明上げというのは、二種類あって、火を点けた小松明を大松明《たいまつ》にまるで「玉入れ」のように投げ入れて、順番を競う松明上げと、松明で字を書く松明上げとがある。いずれも京都から発生した神事で、前者は今では花背《はなせ》と広河原に、後者は雲ヶ畑の中畑町と出谷町《でたにちょう》に残っている。

この字を書く松明上げは、「大文字の送り火」の起源といえよう。雲ヶ畑の松明上げは、隠棲した惟喬親王を慰めるためにこの地区の人が行った祭と伝えられるが、後には惟喬親王の霊を慰めるための祭に変わったのであろう。

中畑町では、高橋姓と波多野姓の「若中《わかちゅう》」と呼ばれる若者が、夜八時頃、雲ヶ畑の通称愛宕山で待機し、「権兵衛《ごんべえ》さん」という先導役の合図で松明に点火する。点火の字は毎年変わり、その字を当てるのが楽しみであるという。

私はまだ見ていないが、八月二十四日には必ず行って、見たいと思っている。大文字の送り火が、このような惟喬親王を慰める松明上げに起源を持つとすれば、一際深い感慨を持って、眺めることが出来るであろう。


御尊牌には、表〈惟高親王《これたかしんのう》　尊儀《そんぎ》〉裏〈惟高親王《これたかしんのう》者《は》人王《にんのう》五十五代文徳天皇第一皇子也　出家被遊此山《あそばされこのやまに》籠居在《ろうきょあり》而寛平九年二月二十日　薨御也爲御追善敬白　此大原上野社〉とある。

また大森安楽寺《おおもりあんらくじ》では、表〈四品上州太守入道親王素覺大和尚尊儀〉裏〈貞観《じょうがん》十五年壬辰《じんしん》（癸《みずのと》巳《み》）二月二十日薨去〉とある。

そして木地師の里・近江小椋の庄、現在の滋賀県神崎郡永源寺町蛭谷《ひるたに》の筒井神社の別当寺・帰雲庵《きうんあん》——ここには、惟喬親王の尊像（約四十センチメートル）を中央に、向かって右に御尊牌（表〈當山開基《とうざんかいき》四品《しほん》小野宮惟喬《おののみやこれたか》素覺法親王尊儀《そかくほっしんのうそんぎ》〉裏〈天慶　己亥年《てんぎょうつちのといのとし》十一月九日《しもつきここのか》薨去〉）、左に近臣・小椋太政大臣藤原実秀の座像がある。

十三……惟喬親王と大森《これたかしんのうとおおもり》

いよいよ私は惟喬《これたか》親王の終焉の地と称せられる京都市北区の小野郷の大森の地を訪れなければならないことになった。北区の小野郷は、かつては雲ヶ畑・真弓・杉阪・小野・大森の五つの地区からなっていたが、現在は小野と大森の二つの地区で形成され、大森は京の西北に位置する。この地区は昔、河内村といわれ河内から来た人々によって開かれた土地であるという。この地を案内して頂いたのは、この地に詳しい長《おさ》①克己《かつみ》氏とその年（平成十一年）、御霊《ごりょう》神社のお世話をしていた寺谷《てらたに》②儀平治《ぎへいじ》氏である。

長氏から私がまず見せて頂いたのは、『惟喬親王と洛北の史跡』という自費出版された本である。この本を書いたのは、この地の住民であった明治三十二年生まれの沢田臼太郎《うすたろう》という人で、八木拗堂《ようどう》の主宰する興風義塾に入り国漢禅歴を学んだ後、洋服販売業に従事した。

この沢田氏が惟喬親王に興味を持ち、あちこちに残る伝承を聞き集め、古文書を探し、長年の研究の結果を一冊の本にまとめ、自費出版した。この本には考証に厳しい日本史家の赤松俊秀氏が序文を寄せているが、この種の書としては考証がしっかりしており、愛郷心故のこじつけが少ない。沢田氏は色々な史料や伝承を紹介し、惟喬親王は貞観《じょうがん》元年（八五九）に江州小椋《おぐら》村に移り、そこで木地師《きじし》の祖となり、貞観四年に大原に移り、さらに同九年雲ヶ畑に移り十一年出家し、そして同十四年大森に移り、元《がん》

①長氏●惟喬親王の従臣。初め雲ヶ畑出谷《でたに》に住し、塚本氏・高橋氏とともに親王に仕えた四天王ならぬ「三天王」の一人。中興の祖は小野長風《ながかぜ》（波多野家八代の祖）。直系の祖は長風の弟の長重《ながしげ》でその曾孫が「向江刑部小野長勝《むかいえのぎょうぶおののながかつ》」であった為、家名を「向江」とした。この長勝が東河内村に親王とともに移り、後河内村の長職《おさ》を務めた。故に長氏を名告《なの》る。

②寺谷氏●本家は大神《おおが》氏。大神氏は小野福麿《ふくまろ》の代より分家。丹波北桑田郡（京北町山国）と地縁を持つ。大神氏は現在奈良市在住。京には分家として寺谷氏以外に和田氏が在住。

③牧姫●小野長友の娘。本名八百姫《やおひめ》。『系図』に依れば、牧姫と名を改めたのは、「当宮安全の為」とあ

慶《ぎょう》三年（八七九）大森で死んだという説を採る。没年については貞観十年説、寛平《かんぴょう》三年（八九一）説等々があるが、沢田氏は元慶三年説を採る。

惟喬親王が雲ヶ畑で病気になられ、ここは御所の川上に当たり、死んでこの地に葬られることは皇居を汚すからいけないと言って、大森の地に移ったという話は何とも痛ましい。親王は彼の死後、遺族たちが何かと言いがかりを付けられて迫害を受けることを恐れ、権力者から遠く離れた隠れ里をその死に場所として選んだのであろう。この御所に流れる水の上流に墓を作ってはいけない、というタブーはつい最近まで残っていた。

鞍馬という地では御所に流れる川の近くに墓があったので、明治初め市原（現・左京区静市野村町）にある小町寺に移したという。その鞍馬から小町寺へは今なら車で十分程で行けるが、昔は大変であったろう。このような遠い所に墓を移さなければならなかった鞍馬の人はどんなに御苦労なことだったろうと察せられるのであるが、そのようなことが既に千年も昔にあったのである。

長克己氏は奥殿《おくどん》③と昔から称される長本直《おさもとなお》氏の所に案内して下さった。奥殿とは、惟喬親王の寵妃の牧姫の住んでいた殿があったという意味であり、親王の死後、牧姫の一族に当たる長家に下賜されたものであるという。本直氏はこの牧姫の守り刀という伝承のある刀を持って中国やフィリピンに出征し、その加護によって無事帰国したと語る。また、長家の裏山を少し登った所に親王が住んでいた宮があり、それが親王の死後、④安楽寺という寺になったが、北朝の光明帝の時、坂下にある今の安楽寺の地に移されたという。それで我々はその安楽寺を訪れた。寺はひどく荒れていたが、寺の前に沢田氏の執念の表われである三基の石碑が建っていた。そこに「惟喬親王遺跡」

る。即ち惟喬親王の身の危険を案じての改名である。またその名の依るところは鎮守・「牧宮」に姫が帰依していたからという。姫は親王との間に一子・歌麿王《うたまろおう》をもうけている（夭死《ようし》）。そして親王が薨去すると出家し、妙覚《みょうかく》と号した。雲ヶ畑にはこの姫の仏心厚きことを受けて「牧講《まきこう》」という組織があった。また「本殿」の跡の竹藪を「妹藪《いもとやぶ》」という、とある。

④安楽寺●金輪山小野院安楽寺。真言宗東寺派。現在堂一棟残すのみ。南北五間（九メートル）東西七間（十二・七メートル）。単層入《たんそういり》母屋造《もやづくり》。杉皮葺《すぎかわぶき》。室町初期に移建。大正七年の『京都府史蹟勝地調査会報告書』に依ると、藤原時代の面影を窺い知ることが出来たという。本堂は親王建立時のものがそのまま移建されたもの。因みにこの付近の小字名は「大堂《おおどう》ノ本《もと》」。

また「本尊ノ壇ノ左ニ弘法大師像、右ニハ御霊神社ト称スル神輿《みこし》形ノ神祠《しんし》ヲ安置セリ」とあるこの「神輿形の神祠」について、その御《ご》祭神《さいしん》は惟喬親王で、その中には神《しん》璽《じ》と親王の木像があるという。ま

小野郷・大森にある安楽寺の薬師如来坐像。
不均衡とも見える全身、粗いタッチの彫りなど、その逞しさに
溢れた造像の量感には、魂そのもののような気配すら感じさせる。

とはっきり刻され、その一つには沢田氏の作った、藤原氏の横暴を怒り親王の遺徳を偲《しの》ぶ漢詩も刻されていた。その字を書いたのは山添善広氏⑤である。

寺の中に入って驚いた。寺の中央に薬師如来⑥が坐《いま》し、その左に御霊神社が鎮座し、その右に惟喬親王の御遺骸を担いだに違いないと思われる神輿《みこし》が置かれていた。ここには、はっきり神仏混淆《こんこう》の跡がある。明治の神仏分離・排仏棄釈の風もこの人里離れた大森には及ばなかったのであろうか。それはもちろん、あり得ないことであるが、この薬師如来ならばその位の奇跡を起こすことは可能であるような気がした。

この薬師如来は左に祀《まつ》られている惟喬親王の御霊と右に祀られる親王の御遺骸を担いだと思われる神輿に挟まれて坐す。つまり薬師の両脇は惟喬親王の御霊なのである。こう考えるとこの薬師如来は惟喬親王の怨霊《おんりょう》を鎮魂する仏であることは明白である。

さてその薬師如来であるが、この薬師を見ると、どこかで見た仏さまと思ったが、美術史家・井上正氏の著書『古佛』で見た仏像であった。井上氏はこの安楽寺の本尊・薬師如来座像を初め、そこに残る如来形立像・僧形坐像・天部形立像の四体の仏について精密な調査をし、それを感動をもって語っていたので、私も覚えていた訳であるが、それが正にこの大森の惟喬親王を弔う安楽寺にあるとは気が付かなかった。井上氏はこの四つの仏像に共通する、身体の一部が異様に大きくアンバランスであることを、神の霊性を強調するためで、一木彫《いちもくちょう》の中でも初期のものであると言う。即ちこの山中の集落に既に、奈良時代にこのような行基《ぎょうき》集団の作と考えられる一木彫があったという訳である。

この薬師仏について、井上氏の思い入れは只事ではない。

「観念的に考えてそう思うのではない。厨子《ずし》にかけられた御簾《みす》の奥の昏《くら》がりのなかで、

たこの神輿は、親王の亡骸《なきがら》を乗せた葬式の輿という(『山城名跡巡行志』第三／一七五四)。

⑤山添氏●惟喬親王の皇子・兼覧《かねみ》王《おう》を祖とする野呂家の末裔。伊勢と河内国を本拠とする二家に分家。その河内を本貫とする一族もまた二流に分かれた。宗左衛門《そうざえもん》家と藤右衛門《とうえもん》家である。山添善広氏は宗左衛門家の末流という。現当主は山添邦浩《くにひろ》氏、京都市東山区に住す。

ただ山添の初めは、惟喬親王の隠棲地・近江から伊勢へと赴いたものと思われる。三重県松阪市には「山添」町という地名が今も残る。

⑥薬師如来(座像)●像高一一四・七センチメートル。ヒノキ材。慈《じ》覚大師円仁《かくだいしえんにん》御作の伝承を持つ。また「金輪山安楽寺薬師如来縁起」(一巻)を持っていたというが、今は失われた。この縁起は、享保十九年(一七三四)、清和密院《せいわみついん》の権僧《ごんのそう》正亮海《じょうりょうかい》という人が安楽寺の現住・光宥《こうゆう》の頼みに応じて書いたものという。

徐々に形をはっきりさせてくるこの像を拝していると、〝凄《すご》い〟という言葉が思わず洩《も》れてしまう。この実体感、このアンバランス、そしてこの粗《あら》さ、都のどこにこのような像が求められるであろうか。ここにしか有り得ないだろうという、根が生えたような存在感が相乗して、言葉に表わし得ない異常な迫力となって私を打つ」（井上正『古佛』）

私はこの像が果たして奈良時代に造られたかどうかは別にしても、この仏の発する迫力は井上氏の言う通りであると思う。巨大な耳、筋の通った鼻、そして深く瞑想しているような目、それに堂々たる胸幅、どこかその表情には新薬師寺の薬師如来のような沈痛な表情があるが、この大森の薬師如来の方が泥臭い逞《たくま》しさを持っている。これは或いは、惟喬親王の面影をどこかに留める像なのであろうか。

薬師の右側の惟喬親王像を乗せていたという「御霊宮」即ち神輿はかつて祭礼の日には大森の村中を練り歩いたという。⑦惟喬親王は、神輿に乗って、御所に帰りたいと思っていたに違いない。

私はしばらく惟喬親王のことを思ってこの安楽寺を眺めていたが、突然、安楽寺全体が巨大な神輿となって御所へ押し寄せて行く様が幻のように浮かんだのである。

⑦惟喬親王の思い●松明上《まつあ》げと惟喬親王の関係は誠に興味深い。『萬《まん》燈由来記《どうゆらいき》』（文政三庚辰五月《かのえたつさつき》）を見るとこの「松明上げ」の発明者は惟喬親王自身のように思われる。即ち——自分は帝位を弟に譲り出家した。そして薬師への信心を得て安楽に暮らしている。自分の心配は一つもない。ただ、父帝と幼帝・弟宮のことが気掛かりである。それで八月十二日には「護《ご》摩供《まく》」を奉納し、また私が勧請《かんじょう》した大森の加茂社で、毎年正月一日二日の両日、神事《しんじ》を務めたい。

さらに、秋の陰気《いんき》を祓《はら》うため、「大由里山《おおゆりやま》」において松明万燈を照らし陽気を以て「天王長久安穏《てんのうちょうきゅうあんのん》」という言葉とともに鉦《かね》・太鼓で囃《はや》し、そうして文字を形取ったカセ（高・七間／幅・五間程）を立て、まず御所を照らし、次に大森三町を照らそう。以後九百年、延々とこの「万燈会」は続いたという。

山の名が気になる。由里は「揺り」→「ゆれる」——即ち霊が宿ったという証に、ものを揺《ゆ》らすのである。

こちらの親王の墓は菩提《ぼだい》寺長福禅寺の宝篋印塔《ほうきょういんとう》とされる。

安楽寺に祀られる僧形坐像。素朴な彫り、気迫を感じさせる相が力強い。

十四…………小椋の里と惟喬親王《おぐらのさととこれたかしんのう》

大原・雲ヶ畑・大森と、私は悲運の皇子、惟喬《これたか》親王の跡を執拗に訪ねて来た。ところが、この惟喬親王の足跡は小野郷のこれらの場所のみではなく、広く日本の各地に残っている。それらは殆ど木地師《きじし》の里で、その本拠地はかつての小椋《おぐら》の里、現在の滋賀県神崎郡永源寺町の君《きみ》ヶ畑《はた》と蛭谷《ひるたに》にあるという。

去る一月八日（平成十一年）、肌も氷りつくような寒い日に私はこの君ヶ畑と蛭谷を訪れた。永源寺町は紅葉と蒟蒻《こんにやく》で有名であるが、この二つの集落は臨済宗永源寺派の本山のある永源寺町の中心部から十三キロほど東北に入った山間の地にあった。木地師というのは、轆轤《ろくろ》を使って盆椀を作る手工業に携わっている人たちであるが、彼らの風俗習慣は平地にいる農民と多少違っていた。或いは、縄文の遺民であろうか。この君ヶ畑と蛭谷はかつて木地師の元締めの居た所で、ここで免許を貰わないと木地師の資格が得られなかった。木地師は良木のある所は何処にでも行き、木椀・木盆などを作って、販売したのである。おそらく、そういう手工業ばかりでなく、豊富な情報量を利用して、様々な商売をしたのではないかと思われるが、この木地師の勢力は中世では侮《あなど》れないものであったらしく、蛭谷には朱雀《すざく》天皇や正親町《おおぎまち》天皇の御綸旨《りんじ》や織田信長、豊臣秀吉の書状が残っていた。

この木地師が惟喬親王を祖とするのである。君ヶ畑の惟喬親王を祀《まつ》った大皇器地祖《おおきみきじそ》

①大皇大明神●大皇器地祖神社は明治以降の新しい名称。土地の人は今でもこの社を親王の神号、大皇大明神の名で呼ぶ。その由緒『木椀元祖　大皇大明神畧傳記《おおきみだいみようじんりやくでんき》』に奇妙な記述がある。元慶三年（八七九）の秋、親王は発心《ほっしん》、同十一月九日遺命して、「ここを入寂《にゆうじやく》の地とする。今より余命あるとも、この年月日を薨去《こうきょ》の日とせよ」と宣したとある。ところが「幸《さいわい》に御餘命あり。當山《とうざん》に御住居《みすまい》玉ふこと十九年の後《のち》。寛平九年（八九七）巳《み》の二月二十日。御宝算《ごほうさん》。五十四にして。終《つい》に薨去し玉ふ」という。

②金龍寺●『小野宮御偉績考《おののみやごいせきこう》』（田中長嶺　明治三十二年）巻中の記述を見てみよう。その昔、ここは「小松御所」と称していたが、後、寺となり蔵皇山金龍寺と称す。しかし或る時洪水のため建物はこと

神社（①大皇《おおきみ》大明神）に伝わる『大皇大明神畧傳記《りやくでんき》』に依《よ》れば、惟喬親王は、山の木の実が落ちているのを見て、その脱け殻が器に似ているのに感心され、近臣に、椋《むく》の木で椀器を作ることを教えた。それが木地師という職業の始まりであるという。この時、親王に椀器の製作を命じられたのが小椋氏で、その子孫が連綿として、この地に続いているのである。

君ヶ畑は三十戸ぐらいのこぢんまりした集落で、姓は小椋、小倉と大蔵が多い。そこに惟喬親王を祀る大皇大明神の他に、②金龍寺という寺があり、そこには惟喬親王の像を真ん中に、両側に小椋実秀《さねひで》と大蔵惟仲《ただなか》の像がある。しかしこの君ヶ畑では既に木地師の業は、明治維新の時までに絶えていた。それを現在小椋昭二さんというまだ若い人が独学でただ一人、木地師の業を復活しようとしている。

蛭谷の方は、君ヶ畑より遥かに過疎である。つい最近までは十軒ほどあったが、今は新たに引っ越して来た人を除くと、小椋姓を名告《なの》る土着の家は、三軒に過ぎない。ちょうど、一月八日は「③八日祭」という蛭谷の鎮守社・④筒井神社の「五節句」のうちの最初の節句であり、我々の到着を待って、お祭を始めて頂いた。お祭といっても男三人で営むもので、「ハタキ御供《ごく》」という粳米《うるちまい》の生米《なまごめ》をついた餅《もち》と、「ユヅクリ」という同じく生米を熱湯に通し、蒸し小豆と合わせて握った丸いおにぎり七個と、榧《かや》の実と昆布を御神饌《しんせん》として神に供えるというだけのものである。御神饌を供える神は、八幡大明神と惟喬親王の霊である。八幡神は宇佐八幡宮から勧請《かんじょう》したものだという。

この蛭谷には夥《おびただ》しい⑤文書がある。先に挙げた書状や、各地の木地師に与えた免許状などがあり、今はすっかり廃れたこの蛭谷の地が、かつては大変栄えたことを偲《しの》ばせる。この蛭谷の筒井神社を守るのは区長の小椋正美《まさみ》さんである。まだ氏の少年時代に

ごとく崩壊、その後火災に遭《あ》い、什物宝器焼失。また本尊は薬師如来。堂の右に別殿あり。惟喬親王の像を安置す。その姿、黒冠に白衣、手に朱塗の如意を持つ。その理由　詳《つまび》らかならず、という。『畧傳記』では小松が畠を君之畠と改め、親王を「高松の宮」と崇め、その殿を「高松御所」と称したという。

③八日祭●写真によるフィールド・メモ「語り部・小野氏を追う」23〜26参照。

④筒井神社●その初めは、親王が宇佐より八幡大神を勧請《かんじょう》して建立した筒井正八幡宮であった。親王の薨去後は、親王は八幡大神とともに祀られ、ともに尊崇された。今も筒井神社の発行する護符には、右には「八幡大神霊」左に「惟喬親王命霊」と並んで書かれる。八幡宮は紀氏と関わり深い社である。石清水《いわしみず》八幡宮を勧請した行《ぎょう》教《きょう》も紀氏で、現在の宮司、田中氏も紀氏の末裔《まつえい》である。

⑤文書●筒井正八幡宮に伝わる『神護《じんご》社稷《しゃしょく》月輪《つきのわ》神鏡《しんきょう》御縁起《ごえんぎ》』に

はかつての蛭谷の繁栄の名残りがあったことを偲び、一人になっても何とか伝承を守ろうとしておられる。私はずっとこの蛭谷に伝わってきたという「能太鼓」を小椋さんに打って頂いた。それは、能の音楽であるけれども、もう舞う人はいない。笛も太鼓も、吹いたり叩いたりすることの出来る人は小椋正美さん以外になく、総《すべ》ての伝承が小椋さん一人の肩に掛かっている。実はこの筒井神社は前からここに在ったのではなく、旧地はそこから二キロ、北へ行った筒井という里で、かつて筒井は筒井千軒と言われたほど木地師が多く居住していた。そこには、惟喬親王が居たという宮跡があり、また親王を祀る筒井正八幡宮の元宮もある。そこは全く幽邃《ゆうすい》の地で、神の気が漲《みなぎ》っており、ぞくぞくするような所であった。

この木地師の本拠地は江戸時代になって、自由な旅が禁止され、それにつれ各地の木地師は永住し、本家の免許をさほど必要としなくなり、筒井は急速に衰えた。それで明治初年に筒井神社は蛭谷の地に移されたという。

近代社会において、木地師はどうなったのか。小椋正美さんに聞いた話であるが、木地師の多くは旋盤工になり、優秀な旋盤工の殆どは、木地師の出身であったというのである。明治以後の工業国家としての日本の発展は、物作りの優秀さにあるといわれているが、この発展に木地師は遠い祖先から受け継いだ物作りの技術によって、貢献することが出来たのである。

この地に惟喬親王が住んでいたかどうかはいささか疑わしい。しかし、雲ヶ畑・大森のいづれも、木工業の地であった。鞍馬の二ノ瀬にも惟喬親王を祀る守谷《もりや》神社が、その母の紀静子《きのしずこ》を祀る富士神社とともに存在するが、この社の由緒にははっきりと惟喬親王と木地師との関係が語られていた。

依れば、親王の母・紀静子《きのしずこ》はこの地を訪れている。即ち——紀氏の祖・武内宿禰《たけのうちのすくね》より代々紀氏に伝承された神鏡があった。銘を「月輪鏡」といい、例の三種の神器の一つ「日輪鏡」と一対のものである。この鏡は静子に伝えられていた。彼女は神鏡に祈願して仁寿《にんじゅ》元年(八五一)、惟喬親王を生む。しかしなぜか皇位争いの折、彼女はこの神鏡に心願を籠《こ》めることを忘れた。それで親王は皇位争いに破れ、江州は筒井の里へ逃れた。母は子に会いたい一心で、神鏡に願をかけ、深山《みやま》に分け入った。すると法華経《ほけきょう》を読誦《どくじゅ》している我が子と再会。二人は涙にくれ、数々の思い出話に数日を過ごし、そして母は形見にと、神鏡を親王に託し都へ帰る。この鏡が親王の死後も八幡宮に蔵され、いつしか日本国中の木地師の信仰の対象となって今に伝わる。

⑥玄武神社●紀氏の鎮守社であった玄武神社(幕末から明治以前の名称は惟喬社)を管理して来たのは星野氏である。星野氏は紀氏の後裔。また星野氏は、近くの若宮

愛知川源流、鈴鹿の深山に、轆轤（ろくろ）木地師発祥の地、小椋の里がある。
筒井の旧蹟にも栄えた時代をしのぶ千軒址、親王の御墓所と住居跡、筒井正八幡宮の元宮などが
杉木立に静かに点在し、往古の空気と神々しさを漂わせている。

このような奥地に隠棲した惟喬親王は何らかの意味で木地師と関係を持ち、ついに木地師の祖となったのであろう。どちらかと言えば、里の民に疎外されている孤独な山の民・木地師としては、尊き人との関係を強調することによって己れの高い誇りを保とうとしたのではないか。

惟喬親王を祀る神社は京都の町中にもある。それは紫野にある玄武《げんぶ》⑥神社である。紀⑦氏一族の星野茂光《しげみつ》という人が、親王の外祖父の紀名虎《なとら》の守り刀を御神体として惟喬親王の霊を鎮魂した社という。ここには惟喬親王に代わって即位した弟の清和天皇が、晩年御病気がちで、惟喬親王の霊の祟《たた》りを畏《おそ》れて惟喬親王の霊を祀った跡がみえる。そのような風潮の中で親王の社は建てられたものであろう。玄武神社に伝わる「やすらい祭」は今宮神社の「やすらい祭」とともに最も奇妙な祭で、京の三奇祭の一つといわれる。惟喬親王の御霊はかくて、色々な人から色々な形で祀られている。

悲運の皇子もこれだけ大事にされ、祀られたら以《もっ》て瞑《めい》すべきであろう。

八幡宮の宮司で、紫野斎院跡に鎮座する七野社も管理したという。若宮八幡宮は御祭神・清和天皇。七野社は、藤原良房《よしふさ》の娘・明子《あきらけいこ》が皇子（清和天皇）を無事出産出来るようにと祈願した社である。

星野氏の初代は星野《ほしの》市正《いちのかみ》源《みなもとの》茂光《しげみつ》。現在玄武神社を守る西脇弘《にしわきひろ》長《なが》家は祖父の代に社をお預りしたという(明治二十四年)。西脇家が引き継ぐ以前は、江戸末期・弘化四年（一八四七）に星野家から分かれて初川《はつかわ》家に入籍した信克《のぶかつ》が玄武神社の神職であった。現在初川家は大阪に転出、従来の星野家は明治時代に上賀茂の賀茂県主《かものあがたぬし》「直《なお》の一族」から養子縁組し、現在に至っている（西脇弘長氏談）。

⑦紀氏●『由来』には、惟喬親王の「御母方紀氏畧系図《おんははがたきしりやくけいず》」が載る。それに依ると武内宿禰の十五代の孫が梶長《かじなが》という人で、その子に興道《おきみち》・名虎あり。興道の三代の孫《そん》に紀貫之《きのつらゆき》あり。名虎の子の有虎《ありとら》はあの喜撰法師《きせんほうし》という。「喜撰」の名は、紀氏より出でた仙人ということで「紀仙→喜撰」。また静子の名は通称萬寿姫《まんじゆひめ》、本名虎姫《とらひめ》。

蛭谷の山中にある筒井正八幡宮の元宮。

木地師の祖先と伝統を伝える君ヶ畑の集落。

十五……小野篁と『江談抄』《おののたかむらとごうだんしょう》

①大江匡房《まさふさ》という人がいる。院政期の初めに活躍し、学者の家の出身としては、参議正二位という異例の出世を遂げた官僚であるが、著書の多いことでも知られている。彼は一方では、『江家次第《ごうけしだい》』という有職故実《ゆうそくこじつ》の本を書くとともに、他方では、『本朝文集』『本朝続文粋』などの文学の本ばかりか、『本朝神仙伝』とか『続本朝往生伝』のような宗教の本や、『遊女記』とか『傀儡子《くぐつ》記』とか『洛陽田楽記』というような遊芸の本までも書いている。言ってみれば、この「京都遊行《ゆぎょう》」の筆者の遠い祖先のような人であったのだろうか。

この大江匡房に『江談抄《ごうだんしょう》』という本があるが、これは多少週刊誌風のゴシップを集めたものである。例えば、花山天皇が即位の日に大極殿の高御座《たかみくら》の上で、まだ式が始まらない間に、馬内侍《うまのないし》を高御座に入れて事に及んだという話が第一（二）に出て来る。それで、匡房は花山天皇を非難しているのかと思うが、そうではなく、花山天皇は寵臣の藤原惟成《これしげ》などの優れた役人を使って、良い政治をしたというのである。我が日本にもクリントン顔負けの優れた君主がおられたのである。

しかし、この『江談抄』にはなぜか小野氏のこと、特に小野篁《たかむら》のことが詳しく語られているのである。篁は鬼人と繋《つな》がりがあったらしい。『江談抄』の第三（三八）には篁が朱雀《すざく》門の前で藤原高藤《たかふじ》を鬼人に会わせた話が書かれているが、次の（三九）には

①大江匡房（一〇四一〜一一一一）●平城《へいぜい》天皇の後裔。官人としての多忙な日々の一方で神秘的な呪術師で、宿曜《すくよう》・陰陽《おんみょう》の道に通じていた。

②千本閻魔堂●正式寺名は引接《いんじょう》寺《じ》。高野山真言宗。

こちらの有名な「釈迦念仏」即ち狂言は、嵯峨釈迦堂と壬生寺《みぶでら》でも行われる（閻魔堂狂言は五月一日から五月四日）。

篁の像は奥の部屋に坐《いま》す。

③篁の社●小野の宮、現在の岩戸《いわと》落葉《おちば》神社（北区小野下ノ町）の摂社。正式名は御霊《ごりょう》神社。篁は岩戸落葉神社の前身、式内社《しきないしゃ》・堕川《おちかわ》神社のほとり「岡の本」に住したが、養父との折り合い悪く、妻小岑《こみね》の死を契機にこの地を離れる。土地の人は篁を尊崇して、彼の死後、

それから五、六日後、篁が高藤のために車の簾《すだれ》などを切られ、それで篁は高藤の祖父の冬嗣《ふゆつぐ》の所に行って、こうこうであった、と報告している間に、高藤は急に死んでしまった。すると、篁が高藤の手を取って引き起こしたら、高藤は生き返ったという話が書かれている。生き返った高藤は庭に下りて篁を拝して、「知らないうちに私は閻魔《えんま》庁に行っていました。その時、第二の冥官《めいかん》にあなたがいたので、それでこのように拝するのです」と言ったという。誠に奇怪な話である。

　この話は多くの人に噂として広く伝わっていたのであろう。珍皇寺《ちんのうじ》にある閻魔大王の隣にいる小野篁の像は、藤原高藤の見た閻魔庁の第二の冥官を務める篁の姿であろう。この珍皇寺は地獄の入口に位置するという伝承があり、小野篁が毎夜通ったという地獄に通づる井戸がある。そして、篁が地獄から還った所は京都の西の嵯峨の福生《ふくしょう》寺《じ》という寺である。福生寺は今はなく、嵯峨釈迦堂の西に位置する浄土宗の薬師寺に福生寺にあった仏像などが移されているが、そこに篁作という火炎地獄の中にいる地蔵菩薩と篁の像がある。また狂言で有名な千本閻魔堂②にも、篁の像がある。篁はよくよく閻魔と地蔵に関係がある人間である。

『江談抄』第四（五）には、篁の詩才は白楽天に匹敵し、詩の好きな嵯峨天皇はわざと白楽天の詩の「空」の字を「遥」に変えて篁に見せたところ、篁はその詩を見たことがないのに、「遥」を「空」にしたならば一層良い詩になる、と言ったという。また匡房は、「暗に野人と作《な》す天の与えし性　狂官は古《いにしえ》より世の呼びし名」という詩を挙げ、故老の説として「野相公、人となり不羈《ふき》にして直を好む。世その賢を妬《ねた》みて、呼びて野狂と為《な》す。これすなわち篁の字の音は狂の字の音なりと云々《うんぬん》。よりてこの句を作る」という註を付けている〈第四（二四）〉。

御霊神社に篁を祀ったという。

　因みに小岑の母は畑蟬丸《はたのせみまる》の娘。小岑は篁との間に、一子・小竹丸《しょうちくまる》をもうけた（『小野姓真弓家之系図』）。

④篁の墓●紫野西御所田町、島津製作所紫野工場の傍にある。かつてこの地は共同墓地であった。

　篁は、紫式部より古い碑文を持っている。「参議小野《おの》公《こう》塋域《えいいき》碑《ひ》」。それは、篁の子孫が直接、その墓の由来を語っているからである。この碑文の内容は感動的である。碑文の最後に「君の名は政和、公の四十四世孫たり」とある。篁の末裔という誇りが、「横山政和」という人にこの碑の建立を促している。以下碑文の要約。

「この石碑、越中の金田清風《かねだせいふう》という人が撰文し、加賀の市河三氶《さんち》という人が書と題額を記したものである。

　慶応四年（明治元年）の夏、清風、加賀藩の執政・横山君の命に従って京へ入る。

　或る日、横山君が語るには『我が家は実は小野篁より出づ。それでかねてより公の葬地を探してい

堀川の大通りに面して、思わず通り過ぎそうな一隅に、小野篁（右）と
紫式部のお墓が夫婦塚のように在る。墓前のノートには、修学旅行生た
ちが、それぞれに探し訪ねた気持を記していた。

小野篁は野相公と名告《なの》ったのであるが、その「野」は、いわば「野人」という意味を持っているのである。常識に束縛されず、ずけずけと真実を言った篁を、世の人は「野人の参議」、即ち野相公と称したのであろう。そればかりか「篁」の音を「コウ」と発音するので「狂」に通じ、篁を「野狂」と呼んだと匡房は言う。彼は、狂気を内に蔵している詩人であったのである。後の道風の書もその名字から「野蹟《やせき》」と呼ばれるが、道風も或いは篁のような不羈《ふき》直言の性を持っていたのであろうか。『江談抄』はまた、いかにも野狂にふさわしい篁のエピソードを語っている。嵯峨天皇の時に、「無悪善」という落書があちこちにあった。それを篁は「さがなくはよかりなまし」、即ち嵯峨天皇はいない方が良い、と読んだ。それを天皇が聞かれて、落書は篁の仕業に違いない、と言って罪を与えようとされたところ、篁は、私を罪に陥れてはいけません、学問の道が途絶えてしまいます、と言ったという。これは凄まじい自信である。しかし、こういう男はとかくトラブルを起こす。このような話がどれだけ真実かは解らないが、遣唐副使に任ぜられてその船を大使の船と替えられたからといって、遣唐使を断り流罪に処せられたり、また異母妹との密通が噂になり、それが文学作品になったり、篁に関する令名とスキャンダルには不自由しない。

篁の神社は、近江、志賀町の小野郷にもあるが、京都市内にもある。また、北区小野郷にも篁③の社（御霊神社）があり、篁はその地を所管した木工頭《もくのかみ》であった小野長峯《ながみね》の養子となったが、養父と折り合いが悪く後に離別して、この小野郷の西の方に住んだという。これも篁に関する無視し難い伝承であるが、この篁④の墓が、京都の大通りの一つである堀川通に面した、大徳寺の塔頭《たっちゅう》・芳春院《ほうしゅんいん》（秋吉則州《あきよしそくしゅう》住職）が管理するささやかな墓地にぽっつりある。大変良く整備された墓であるが、この墓を整備した

た。すると京の西に公の墓があるという。それでたまたま藩命で京に入った隆淑《たかよし》（政和の孫）に調べさせた。すると墓は、紫野の東五町にあるということが明らかになった。しかしそれは荒れている。何とか修復したい』という次第である。

翌明治二年、前年成し得なかった、碑石を横山政和が調達。清風、改めて隆淑の調査書を読む。そこには以下のように書かれていた。

『寛政年中、秦某《はたのぼう》なる者が篁の墓の埋もれたる現状を知り、これを哀しみ、〈小野相公墳〉と石柱に刻んでこれを建てた。そして原野に在って姿を消していた墓が解るように墓までの道を付けた。秦某なる者は何者か。その時隆淑みるに、墓域の一画、西北の角に土地の人が〈紫式部の墓〉と呼ぶものがあった。先祖と式部とは年代も合わないし、ともに祀られる理由も解らない。しかし昔より二つの墓はともにあったということであればと、そのまま合わせ葬る』。

『それにしても秦氏とは何者であろう。篁公の墓が失われなかった

のは、横山政和《まさかず》という人らしい。横山政和は、加賀藩老即ち家老で、横山氏は小野篁の子孫という、先祖の言い伝えを堅く信じ、かねてからその墓を探していた。そして篁の墓が京都の西郊にあるという話を聞き、藩命によって京に来ていた横山隆淑《たかよし》に頼んで探させたところ、紫野の東五町にあるということが解った。墓は忘れられていて、わずかに寛政中に秦某という者が建てた「小野相公墳」という石標があった。小野篁の墓はこの墓域の北にあるが、西には紫式部の墓がある。どうして篁の墓と紫式部の墓がそこに一緒にあるのか解らないままに修復したと横山政和は言う。

この横山政和の疑問はもっともであり、なぜ篁は式部と夫婦塚《めおとづか》のようにここに葬られているのであろうか。或いは不羈奔放《ほんぽう》な篁の魂は死んでもなお、この希代の才女である紫式部の所に夜な夜な通ったというのであろうか。霊になっても篁はやはり野狂であった。

のは一重にこの人の志故である』と清風は秦氏某に関心を持つ。

そして最後に『君の名は政和、公の四十四世孫たり』と書き、続けて『隆淑の官は参政、また（篁の）四十六世の孫という』と記《しる》す」

横山政和は加賀藩の家老横山氏支家である。天保五年（一八三四）から明治二六年（一八九三）の人。明治二年（一八六九）二月八日に「執政」に抜擢された。後に能登の気多《けた》神社宮司、加賀の白山比咩《しらやまひめ》神社の宮司を歴任。

この奇妙な墓地の入口に今も古い石柱が立っている。そこに刻まれる文字――「遠裔／石川縣金沢市　横山隆平／東京府巣鴨町　小野正弘」――そして消された文字「墓域／是より東へ一町半」（これは秦氏某が付けた墓へ通づる道の入口にあったもの）――東を見ると、鴨川が見える。横山隆平（一八四六～一九〇三）は加賀藩老横山氏十一代。後に鉱山経営で財をなす。

この地が「芳春院」の墓地であり、篁の墓があることは横山氏との関係によるものか。芳春院の名称は利家《としいえ》夫人・まつの出家名。

十六……小野道風と杉阪《おののとうふうとすぎさか》

我々戦前に小学校教育を終えた人間は、小野道風①②③という名を聞くと一つの話を思い出す。のちに書道の神さまとなった小野道風は、若き日自己の才能に絶望し色々悩んだが、或る日、枝垂《しだ》れ柳に雨蛙が飛び付くのを見て感動し、一所懸命稽古して、書の名人になったというのである。もちろん雨蛙は一度で柳に飛び付いた訳ではない。何度も何度も失敗して、やっと最後に飛び付くことが出来た。これは江戸時代の漢学者・三浦梅園《ばいえん》の『梅園叢書』という本にも出ている話であるが、あまり当てにならない。しかしこの話が教科書にも採られていたのは、薪を背に負いながら本を読んだ二宮尊徳（金次郎）の姿とともに、少年に勤勉の徳を教えるのに良い話だからであろう。しかし、道風は芸術家である。芸術家にはこのような勤勉努力の話はあまり似合わない。実際の小野道風はどんな人であったのか。

今、ここに「小野道風肖像画」の写真が二枚あり、その一枚は御物となっているものである。この御物となった肖像画は、爺さんというより婆さんのような道風が、背中を丸め、片膝を立てて、今しも紙に向かって書を書かんとする様である。それにしてもその顔は、あまりに異様である。目は細く長く、鼻は団子鼻であり、口はぽかんと開いている。紙も乱暴に置かれ、姿勢もだらしない。「書聖」というような厳しい様子は少しもない。少しおかしい芸術家が、興のままに何かを書かんとする風体である。

①小野道風（八九四～九六六）●小野峯守《みねもり》の玄孫、篁の孫、葛絃《くずお》の子。

但し『小野宮御殿之在所並ニ由来』、『小野姓真弓家之系図』（室町時代）を合わせみると、道風は直系ではなく祖父の代より傍流となる。長峯《ながみね》の子の長友《ながとも》(実は篁の子）の玄孫で、祖父は長春《ながはる》、父は道春《みちはる》。『系図』には、「道風は素風即ち小野道春の長男であったが、好古《よしふる》の養子となり『落葉之里』に住んだ。またその後、葛絃に跡取りがなかったので、葛絃の名跡を立ててこれを再興す。しかし葛絃は小野氏の直系の峯守の子であったので、本家の長峯（峯守の兄）が、この名跡を預り、家臣の杉坂藤内《すぎさかとうない》が、留守職としてこれを守り、道風は峯守の『瀧《たき》ノ参議《さんぎ》』の「瀧」を名告り、杉坂に瀧ノ社を勧請した」とある。それ故、道風は「瀧内蔵頭《たきのくらのかみ》」

小野道風画像（伝頼寿）。
紙本着色。68.6×28.0センチメー
鎌倉時代（13世紀）。
宮内庁三の丸尚蔵館所蔵。

小学校の教科書で習った話から想像される道風とは百八十度違う。

どちらの道風が真の道風であろうか。道風は書聖として崇拝されたが、その人生についてはあまり知られていない。『古今著聞集《ここんちょもんじゅう》』（一二五四年成立）巻第七には、道風がこともあろうに、彼の時代において書聖としてあまねく崇拝されていた弘法大師空海の書を見て、悪口を言ったという話が語られている。内裏の東西南北に十二の門があった。そのうち南の三門に弘法大師空海の書いた額が上がっていた。南の三門というのは美福《びふく》門、朱雀《すざく》門、皇嘉《こうか》門の三門であるが、空海の書いた「美福門」という字の「福」の字の「田」は広過ぎ、「朱雀門」という字の「朱」の字は「米」という字に見えると言ったのである。もちろん当時の書家が書聖として絶対の権威を持っている空海の書を悪く言うはずはない。それなのに敢えて小野道風は美福門の福の字は田の字が広過ぎ、朱雀門の朱の字は米に見える、と批判するのである。福の字は、唐でも田の字をわざと大きく書くという習慣があるが、それは縁起を担いでのことかも知れない。或いは空海もその伝統に従って、田の字をわざと目立つように書き、朱を米のように書いて豊作を祈ったのかも知れない。小野道風はこのことを知っていて、このような空海の態度を非難したのであろうか。普通、空海の書は勢いを重んじ、道風の書は形を重んずるといわれるが、形を重んずる道風としては権力者におもねって書の形を乱した空海を純粋な芸術家ではないと、科《とが》めたのかも知れない。『古今著聞集』は空海を批判したために道風は中風になり、手が震えて書も異様になったという話を伝える。しかし、道風はかなり長生きして最後まで書を残したところを見ると、この中風の話は、作り話であろう。

また『太平記』巻第十二に依《よ》れば、空海の書いた「大極殿」という額の「大」の字

と呼ばれている。家臣の杉坂藤内とは、この地に住した、真弓木工《まゆみもく》権頭《ごんのかみ》長峯の四天王の一人。

また没年について〝正史〟は康保三年（九六六）十二月二十七日というが、『系図』では康保元年、七十一歳で卒すとある。またその場所を『系図』は東山の雲居寺《うんごじ》という。祖父・長春は剃髪して雲居法師と号し東山に幽居した。道風はその祖父の縁の地で没している。

②道風●道風には、現在の春日井市松河戸町に以下のような伝承がある。
寛平六年（八九四）、尾張国春日井郡松河戸の地に生誕、遣唐使廃止の年であった。父は葛紘、母は里の娘という。公は幼少の頃より学問に励み、書道の上達を薬師如来に祈ったという。後はほぼ〝正史〟に同様。この「道風春日井生誕説」を有名にしたのは天野信景《あまののぶかげ》で、その著『塩尻《しおじり》』にこの話が載る。

③道風●道風の父・道春は、京の有名な丸太町の、地名由来の〝人〟

は「火」という字に見えると道風は言ったという。それで大極殿は火事になったというのであるが、小野道風の時には既に大極殿は焼けていて、道風が空海の書いた大極殿の額を見ることは出来ず、この話も作り話であることは明らかである。しかし、必ずしも正しくはないこの道風のエピソードは、道風の芸術家としての不遜な魂を示すのであろう。あの肖像画も、道風の反骨の芸術家としての姿を表わしたものと言えよう。

道風の筆は「野蹟《やせき》」といわれ、三蹟の他の二人、藤原佐理《すけまさ》の「佐蹟《させき》」や藤原行成《ゆきなり》の「権蹟《ごんせき》」と区別される。④小野 篁《たかむら》は「野狂《やきょう》」と呼ばれ、「野」は小野氏の「野」であると同時に、自由な野人という意味を持っているが、「野蹟」というのも、小野氏の書蹟であるという意味とともに、自由な野人としての書蹟という意味を持つのであろうか。道風も篁と同じく小野氏の血を受け、多分に狂気を内在した芸術家であったのであろうか。

この道風を祀《まつ》る道風神社が、滋賀県志賀町小野の道風神社以外に、京都市北区にある。それはかつての小野十郷の中心地に当たる杉阪道風町にある。道風は木工頭《もくのかみ》から内蔵頭《くらのかみ》に至った。私は最初、なぜ書聖の道風が木工頭となり、内蔵頭となったか疑問に思ったが、木工頭も内蔵頭も建築に関する役職であり、今も北山杉の生産の中心地であるこの地を支配していた小野氏の頭にふさわしい役職であろう。既に平安時代の初めから、この小野郷から材木を伐《き》り出す監督が、小野氏の代々の長の職務であったと思われる。この地に伝わる伝承（『小野宮御殿之在所並ニ由来』『小野姓真弓家之系図』等の史料がある）に依れば、小野峯守《みねもり》の次男、小野篁も、真弓参議として小野郷を治めていた小野長峯の養子となるが、養父と合わず離縁され、ここに住したという。それ

となっている。即ち本宅は京北小野郷雲ヶ畑中ノ町、下屋敷は同郷真弓村。さらに洛中の屋敷は「洛北船岡山北本紫野」。そして町屋敷があり、そこに「丸太町」の名が出て来る。

町屋敷　春日町　則當代両家両町ニ分ル　故ニ波多野町ト号ス　後此所ヲ丸太町ト云則當家ハ代々木工職ニテ此地ニ御用ノ丸太材木ヲ積置ク故ニ世人丸太町ト呼ブ

（『由来』）

④小野篁●篁は、この北区の里に多くの伝承を残すが、小野一族と宮中を結ぶ菖蒲役《しょうぶやく》という重要な役が一時途絶えていたのを、小野郷で復活させた（『由来』）。「菖蒲」は魔除けの呪物である。

⑤桃源山地蔵院●『桃源山記』と題されたその縁起を見てみよう。

この寺桃源山地蔵院　この道若狭街道俗に鯖街道　是より百歩にして旧道に入り五百歩にして　右真弓　縁坂峠を経て大森へ　左下杉坂都町に出る

北山杉産地の真っ只中、清泉に恵まれた地に「道風神社」がある。鯖街道の峠道に沿って。
書聖を祀る質素な社は、樹陰深い緑の静寂に籠るかのようにある。

杉阪の地に残る旧鯖街道。

で、この地は小野と呼ばれるようになった。そして今でもこの北区の小野郷の小野の里に御霊神社という名で岩戸《いわと》落葉《おちば》神社の摂社として祀られている。

私は先日杉阪の道風神社に詣《まい》ったが、社は神さびて、何か怪しげな、冷たい妖気がそこに漂っていた。清水があちこち湧き、道風がその清水を汲んで書を書いたのはよく理解されるが、その荒涼たる有様は書聖・道風を祀る神社としては、誠に寂しいものであった。その神社から西に八百メートルほど行くと桃源山地蔵院⑤という寺がある。この道風神社とかつてセットになっていた明王寺という真言宗の大きな寺が明治二年廃寺になり、その時古文書などは多く散逸したが、その一部がこの地蔵院に移された。地蔵院は今では本尊を阿弥陀如来とし、向かって左脇壇にお厨子《ずし》に入った毘沙門《びしゃもん》天・不動明王・地蔵菩薩、そして弘法大師像が坐す。寺の宗旨は浄土宗西山《せいざん》禅林寺派であり、前住職鈴井隆善《りゅうぜん》師の奥さま、隆汀《りゅうてい》師がこの寺を守っておられる。

地蔵院で特に私の目を引いたのは、弘法大師像の傍にいらっしゃる厨子に入った惟《これ》喬《たか》親王の念持仏といわれる地蔵菩薩立像（像高八十四センチメートル）である。私は小野篁と地蔵菩薩との縁の深さを前にも論じたが、ここに、小野道風、そして篁と縁のある寺でまた地蔵菩薩を見出した。道風には篁のようにはっきり怨霊《おんりよう》という証拠はないが、何かそれに近いものを感じる。

桃源山地蔵院の巨大な碑は手島《てしま》右卿《うきょう》氏の書である。私は手島右卿氏とはいささか面識があり、この京都の山奥で手島右卿氏の書と出会ったことは、私にとっていささか驚きであった。

再び山道を辿り鹿路谷　鹿過場
小峠大曲《おおまがり》　大谷　白草供御飯峠
小野郷を経て大森へ　この邨　葛《かど》
野郡《のぐん》小野郷杉坂は中宿　上宿に小
野道風を祠る道風神社あり書聖の
学館跡なり　代官屋敷もあり宿場
として殷賑《いんしん》を極めた
川は杉坂川　清滝川に注ぐ　往昔
この村に三ヶ寺あり　上宿に明王
寺　神宮寺なりしも廃仏棄釈によ
り廃寺　什宝は当寺に移る　うち
毘沙門天像は優秀なる弘仁仏　中
宿の法蔵寺は明治三十余年寺号を
愛知県に移す　同年下宿の　地蔵
院をこの地に移す　地蔵尊は惟喬
親王の念持仏　額は宝鏡寺宮の筆
（後略）

この文を読むと、いかにかつてこの地が賑わっていたかが解る。沢田臼《うす》太郎《たろう》氏の『小野郷校百年史』の「小野郷史」をみても、この里では、京より一日早く若狭の魚が食されたという。

※「杉阪」は昭和三十年からの表記。それ以前は「杉坂」。

十七……

小野氏と小町《おのしとこまち》

絶世の美人として有名な小野小町①は、『古今和歌集』を初めとする勅撰集に哀切極まる名歌を残しているが、その生涯は深い霧に包まれていて、定かではない。小町はどこで生まれ、どこで死に、どのような生活をしていたかということも学者の研究にも拘らず、未だにはっきりしないが、小町の伝承は比類無く豊富であり、あたかも実在の小町の足跡の乏しさを豊かすぎる伝承が補っているかにみえる。

『古今和歌集』などに小町が残した歌は殆ど恋歌である。逢えなくなった恋人に一目でも逢いたいと思う悲しい女心を歌っている。小町が頼みとするのは、夢である。夢でも逢いたい、しかし夢のはかなさはどうすることも出来ない。

思ひつゝぬればや人のみえつらん
　夢としりせばさめざらましを（『古今和歌集』恋歌二　552）

うたゝねにこひしき人をみてしより
　ゆめてふ物はたのみそめてき（同恋歌二　553）

ゆめぢにはあしもやすめずかよへども
　うつゝにひとめ見しごとはあらず（同恋歌三　658）

※歌番号は「岩波古典文学大系」に依る

逢えなくなった恋人に夢で逢うという歌は、その後も作られているが、小町こそ夢

①小野小町（生没年不詳）●仁明《にんみよう》天皇（八三三〜八五〇）から光孝天皇（八八四〜八八七）の御代に活躍したと思われる。本名、小野比古《おののひこ》姫《ひめ》、祖父は小野篁というが、諸説あり。名に「町」を持つ女性は、遊行の宗教者であることが多い。
小野宮惟喬親王の娘に、「三国《みくにの》町《まち》」あり。『古今和歌集』巻第三「夏歌」に歌を残している。

②深草少将●「清涼山欣浄寺《せいりようざんごんじようじ》」の「寺伝」には、「少将は弘仁三年（八一二）三月十六日に欣浄寺で薨去、埋葬された。元々この欣浄寺の山号・寺名は、少将の院号『清涼院《せいりよういん》殿蓮光浄輝大居士《でんれんこうじようきだいこじ》』に由来する。そしてこの地は桓武天皇から深草少将と呼ばれた義宣《よしのぶ》卿が給わった地で、往時は八町四面の広さであった」という。
義宣卿は、大納言義平の子とも

随心院の卒塔婆小町坐像。異性の憧れを集めた平安の女流歌人・小野小町、
そのイメージに、老いた小町の姿が重なり、余生の心の襞を想わせる。

「化粧の井戸」。小野小町の屋敷跡に残る井戸で、
朝夕この井の水を使ったという。随心院。

で逢う恋の歌の元祖というべき歌人であろう。小町はよほどこの恋人を愛したと思われるが、この容易に逢えない、夢でさえひどく人目を恐れる恋人とは一体誰なのであろう。小町が仁明《にんみょう》天皇の妃の一人で、他の皇妃の嫉妬をかって宮中を追われたという説があるが、多分そうであろう。恋人が天皇であるからには、容易に逢えなかったのは当然である。

小町伝承の一つは小町が男を拒否し続けた女であったことである。深草少将②が百夜通っても、小町は言うことを聞かなかったという。それで小町は女性として肉体的欠陥を持っていた女性ではないかとか、さらに小町はその拒否された男性の恨みによって零落したという噂が生じる。京都ばかりではなく、日本の至る所に老いた小野小町がやって来たという伝承が残っている。これは一度寵《ちょう》をこうむった天皇が忘れられず、他の総《すべ》ての男を拒絶し、ついに生活の手段も奪われ、老いさらばえて諸国をさ迷う小町の姿を伝えたのであろうか。

京都の南、山科《やましな》の小野③の随心院は道長の時代に活躍した小野宮仁海《にんがい》僧正の建てた寺である。仁海は甚だ呪力にすぐれ、特に雨乞いの祈禱《きとう》を得意とし、それに失敗したことはなかった。この随心院の地は、小町の父といわれる小野良実《よしざね》（良真）の邸宅の跡だと伝えられるが、良実は小野氏系図には出て来ず実在性の疑わしい人物である。またこの寺の東南から寺の遺跡が出て来たが、その寺は小野氏の氏寺であり、後にその跡に随心院が建ったともいう。

先日、この随心院に伝わる小町伝承を知りたくて、随心院を訪れた。寺の方にご案内頂き、伝承の数々をお聞きした。この随心院の門の前に清水が湧く古い井戸がある。それを小町の化粧井戸《けわいのいど》、という。辺りに竹藪がある幽邃《ゆうすい》の地である。いかにも小町が

僧正遍昭《そうじょうへんじょう》（八一六～八九〇）ともいわれる。

③小野の随心院●『史略』に依れば、随心院は仁海《にんがい》が開基の牛皮山《ぎゅうひさん》曼荼羅寺《まんだらじ》の里寺・小野寺（東安寺ともいった）の一支院であった。小野寺の本尊は薬師如来。

現在の随心院の本尊は如意輪観音。御伽草子『小町草紙』では、彼女は如意輪観音の化身と伝えられた。そういえば、小野妹子の寺、六角堂頂法寺の本尊は、聖徳太子縁の如意輪観音である。

牛皮山は気になる山号である。仁海は丑年生まれともいうが、その山号は、仁海の母が、没後、仁海の夢枕に立ち「私は今、近隣の里で生まれ変わって牛となっている」と告げたので、仁海はその牛をもらいうける。しかし牛は急死。泣く泣く、その母の生まれ変わりである牛の皮を剝《は》ぎ、そこに曼荼羅を描いたという（この曼荼羅は承久三年〈一二二一〉に焼失した）。

④欣浄寺●『都名所図会』巻五（一七八〇）では、宗旨は浄土宗。本尊は聖徳太子十六歳の御作・阿弥

偲《しの》ばれる風情である。また、本堂の後に文塚《ふみづか》というものがあり、それは深草少将を初めとする、当時の貴族たちの小野小町に寄せた恋文を埋めた所と伝えられる。そして、またここに文張《ふみはり》地蔵という、恋文を張って小町が作ったという地蔵がある。さらに巨大な榧《かや》の木が一本あるが、小町がこの榧の実を糸に綴って数をとって、深草少将の通って来る日を数えたという。随分と意地の悪いことをしたと思われるが、こういう男の恨みが祟《たた》って、小町は晩年零落したのであろうか。そして晩年の姿をとどめた「卒《そ》塔婆《とば》小町坐像」というのがある。胸の肋骨が一本一本現われ老残の姿を示しているが、顔つきはわりと若く、かつての美人の面影をどこかに留めている。

この随心院から南西へ五キロ行った所に深草少将がいたという④欣浄寺《ごんじょうじ》がある。この欣浄寺に、身の丈三尺の白檀《びゃくだん》の香木で作られている仁明天皇の御念持仏がある。深草少将は仁明天皇の寵臣ではなかったか。この深草少将が取り分け小野小町に執心であったのは、主君の寵愛した女性を自分のものにしたいという家来の持っている秘かなる願望故であったのではなかろうか。

そしてどうした縁であろうか、この寺は後に道元《どうげん》禅師が閑居する所となり、ここはいわば京の曹洞宗の発生地となった。色情を厳しく拒否した道元禅師が偶然の地縁によるとはいえ、恋の人・深草少将がいた寺に住んだのはなんと粋な、運命の神の計らいであろうか。

京都には様々な歴史が交錯している寺が所々にある。京都の左京区静市市原町に⑤補《ふ》陀洛寺《だらくじ》という寺があり、それは通称小町寺といわれ、晩年小野小町が住んだ所であると伝えられる。補陀洛寺は天徳三年（九五九）に天台宗の座《ざ》主《す》延昌《えんしょう》僧正の発願によって、静原に造られたものである。しかし、焼失して廃寺となったので、市原に再建さ

陀如来立像とある。
『山州名跡志』巻之十三（一七一一）では、宗旨は浄土と同じだが、本尊は七寸五分の阿弥陀仏の座像で、唐より伝来の黄金仏という。この阿弥陀、異相で、釈迦と阿弥陀と大日如来の三身の合体仏という。

「寺伝」では初め宗旨は曹洞宗、次に真言、近世浄土、そして現在、道元禅師を祀る寺として再び曹洞宗となっている。現在の本尊は通称・伏見の大仏と呼ばれる毘盧舎《びるしゃ》那仏《なぶつ》（丈六仏《じょうろくぶつ》／約五・三メートル）。

⑤補陀洛寺●かつて左京区静原《しずはら》のクダラコージ山（常嘗山《とこなめさん》か）に在った、山岳寺院。十一面観音信仰で賑わった。かの白河法皇も通っている。この十一面観音は、今は失われたが、模刻が、奥州平泉の毛越寺《もうつうじ》に残っている。

⑥「通小町」●まずは名告《なの》りで「八瀬」「市原野」の地名が出て来る。

八瀬の伝承では、八瀬の山神・聖社《ひじりしゃ》にかつて市原の小町寺からこの小町が毎夜毎夜、この社に通

れたという。能本「⑥通《かよい》小町」では、小町の怨霊《おんりょう》は市原からやって来るという。とすると、この寺が小町の終焉地と考えられたのはかなり古くからであろう。市原の里はこの世に望みを失い、あの世を願って静かに人が余生を送る所である。

　小町がここにいたのかは必ずしもはっきりしないが、今一人、間違いなくここにいた女人がいる。それは後冷泉《ごれいぜい》天皇の妃の一人であり、藤原教通《のりみち》の娘であった⑦小野宮歓《かん》子《し》である。歓子は同じ藤原氏の頼通《よりみち》の娘の寛子《かんし》と天皇の寵を争った女性である。或いは小野宮歓子が小野小町と混同されたのではないだろうか。

　この市原は鳥辺野《とりべの》・化野《あだしの》・紫野とともに葬送の地であり、この小町寺の境内には古い墓、新しい墓がぎっしり並んでいる。ここは寺というより墓地であり、墓地の中に庵《いおり》が建っているという感じである。落魄《らくはく》した小町にふさわしい場所であり、小町がここにいたことは定かではないとしても、後世の人はこの寺に老いた小町の姿を見たのであろう。

　私は過日小町寺を訪れたが、この寺の印象は誠に強烈で、四、五日の間私の心に野《の》分《わき》の風が吹いていたのである。

って、〝願い事〟をしたという。能本に「八瀬の山里」とカタられていることをみるとこの伝承、随分有名な話であったようである。それで一説に「小野霞」なる自然現象は、小町の霊、という。聖社より立ち、大原までまるで身をくねらすように広がったという霞の形、蛇体の如し。それ故、小町は怨霊になったと。

　十一月十日は聖社の祭である。六文銭《ろくもんせん》の切り紙細工（ザゼチ）を奉納する。御供物は「きょう」という藁《わら》で作った舟の形の器に盛った赤飯。この日の祭礼は、聖社より始まり、次に住吉社・妙見社、そして八瀬天満宮にやはり同様の六文銭の飾り付けと御供物を捧げる。

　聖社は、山の神として祀られている。

⑦小野宮歓子（一〇二一〜一一〇二）●通称、小野后。関白藤原教通《のりみち》の娘。母は藤原公任《きんとう》の娘。頼通の娘の寛子《かんし》は、宇治の白川に金色院《こんじきいん》を建てたが、歓子もまた、小野の地、観音の聖地で晩年を過ごし、彼の地で没したという。

随心院の本堂裏にある「文塚」。小町に寄せられた千束の文を埋めたところと伝えられる。

十八……………

小野小町の里《おののこまちのさと》

藤原定家は「小倉百人一首」の中に小町の歌として次のような歌を選んだ。

花の色はうつりにけりないたづらに
　わが身世にふるながめせしまに

この歌は、私が物思いに沈んでいるうちに、桜の花はすっかり色が変わってしまったという意味の歌である。花の色というのは、暗に女性の容色を示すのであろう。あれこれ悩み多き人生を送っているうちにすっかり年を取ってしまったという恋多き中年女の嘆きの歌とも解釈出来る。この小町の歌に含まれる深い無常観が小町についての伝承にも強く影響を与える。

小町を主人公にした謡曲は『通《かよい》小町』『関寺《せきでら》小町』『鸚鵡《おうむ》小町』『草子《そうし》洗《あらい》小町』『卒《そ》都《と》婆《ば》小町』など七曲ほどあるが、その多くは零落した晩年の小町を歌ったものである。また、昔から空海作或いは仁海《にんがい》作として伝えられて来た、『玉造《たまつくり》小町《こまち》壮衰書《そうすいしょ》』という誠に奇妙な書がある。これは堂々たる漢文の名文であるが、サディスティックとも思われる激しい調子で小町を好色な女として非難している。いささか小町が可哀そうである。

日本各地にこのような零落した小町がやって来たという伝承の地がある。かつての丹波国《たんばのくに》天田郡《あまだのこおり》小野脇《おのわき》、現在の①福知山市今安《いまやす》小野脇という里にも次のような話がある。

①福知山市(の伝承)●大字小野脇《おのわき》は美しい小字名《こあざめい》を多く持っている。恋清水《こいしみず》、小町、堂ノ前、湯ノ谷。

薬師如来は、今は福知山市寺《てら》の曹洞宗・補巌山久昌寺《きゅうしょうじ》に坐す。この禅寺は福知山城主朽木《くつき》侯代々の菩提寺。本尊は観世音菩薩。小町の薬師は「歌かけ薬師」として祀られ、悪病平癒のための御札が配布されている。

しかしこの「歌かけ薬師」の歌は、和泉式部も「米山鳳来寺」で歌っている。薬師の返歌も全く同様のもの(柳田國男『和泉式部の足袋』)。

②五十河(の伝承)●こちらの伝承で最も貴重なのは、江戸時代のものとはいえ、文書(巻物・一巻)にその伝説が記されているということである。小町はここでは老い

或る日、身体中に吹き出物がある女が直助という者の所へ一夜の宿を請いに来る。直助は哀れに思って、女を泊めてやる。女は薬師如来に、「湯の湧き出る池がある。その湯につかると必ず病気は治る」と告げられたので、七十七日の願をかけ、その池で湯治をする。そして満願の日に最後の願をかけ、歌を詠《よ》んだ。

「南無《なむ》薬師　諸病必除の　願なれば　身より仏の　名こそ惜しけれ」

すると薬師如来が女の枕元に立ち、返歌をした。

「村雨は　ただ一時の　ものぞかし　おのがみのかさ　ここに捨ておけ」

女は吹き出物がすっかり治り、光がさすほど美しくなった。直助も村人も驚き、荒れ果てていた薬師堂を修理した。女は小野小町と名告《なの》り、東へ旅立って行った。

また、奥丹後の五十河②（いかが）の里（現・京都府中郡《なかぐん》大宮町五十河）にも、次のような伝承がある。

丹後国三重《みえ》の庄の五十日村（小町の意見で火除けを念じて「日」の字を「河」の字に改めた）に住す上田甚兵衛という百姓があった。福知山で気高い老女と会う。名を問えば、

「出羽郡司小野良実《よしざね》の娘・小野小町」

と言う。老女は天の橋立や成相寺《なりあいじ》などへ参詣したいというので、甚兵衛は御伴を申し出る。しかしその参詣への道半ばで老女は腹痛を起こし、立つことも出来ない。甚兵衛見兼ねて、老姫《ろうき》を負って我が家へと急ぐが、姫は、

「九重《ここのえ》の　花の都に　住みはせで　はかなや我は　三重にかくるる」

という歌を詠んで、薨《みまか》った。甚兵衛は為す術もなく、里に帰り、高尾山妙法蜜寺《みょうほうみつじ》という真言宗の寺で、彼女を弔う。そして彼女を開基として妙法蜜寺の支院・小野山妙性寺を建立し、薬師如来とともに小町の霊を祀《まつ》る。

ているが、「老姫」と記されるように、気品を失ってはいない。その中に「篁《たかむら》」の名の由来が説かれている。

　即ち「篁」の名は「峯守が求聞《ぐもん》持《じ》の法で童子を得た。そして竹林でその子を抱いた。それで竹林↓竹叢↓タケムラ↓篁」となったという。この話、男性版の「かぐや姫」？

　また深草少将は、小町を追って、この地で没したともいう。墓もある。

③橘諸兄●橘氏と小野氏は同祖である。ともに敏達《びだつ》天皇の皇子より出ている。しかも同母兄弟である。橘氏は難波皇子、小野氏は春日皇子を祖とする。難波皇子は敏達の長子、春日皇子は第二子。母の名は春日老女子《かすがのおみなご》。

　小町と諸兄の根拠地の井手は遠祖を尋ねれば繋がる。しかも諸兄の墓は、かつては諸兄の社・玉津岡神社（御祭神・下照比売命《したてるひめのみこと》。欽明天皇元年〈五四〇〉八月にヒメはこの地に降臨された）の境内地に在った（「玉津岡神社由緒」）。現宮司大西氏は、橘氏の末裔で、

直助、上田甚兵衛の御子孫がご健在の由であるが、私はまだ福知山にも五十河にも行くことが出来ないでいる。しかし多くの史料を妙性寺の前の御住職の奥さま・山本重野《しげの》氏、小町研究家の安田千恵子氏よりご提供頂いた。

これらは京都府北部の話であるが、京都府の南部、綴喜《つづき》郡井手町にも小野小町が晩年にやって来てそこで死んだという伝承の地がある。

井手は何よりも③橘諸兄《たちばなのもろえ》の別荘があった所として有名であった。橘諸兄は父を敏達《びだつ》天皇の玄孫美努王《みぬおう》とし、母を橘三千代《みちよ》とするものであるが、母三千代は、持統・文武朝の権臣藤原不比等《ふひと》の妻となった。不比等は文武天皇の乳母であった橘三千代を自分のものとして、権力を独り自分の手に収めようとしたのであろう。それで不比等は表の政治ばかりか、裏の後宮も支配することになった。不比等が死んで、不比等の息子の四兄弟が政治を行ったが天平九年(七三七)に天然痘が流行《はや》り、四兄弟が次々と死んだ。そこで不比等と三千代との間の子である光明皇后は止むなく異父兄の諸兄を政治の最高権力者として起用した。しかし彼は不比等や藤原四兄弟のような練達の政治家ではなかった。例えば、彼は多少藤原氏に距離をおいていた聖武《しょうむ》天皇と結んで東大寺建造という大事業を行うが、この事業すら藤原武智麻呂《むちまろ》の次男仲麻呂《なかまろ》にその功を奪われてしまう。

『万葉集』は正にこういう藤原氏と橘氏の激しい争いの中に編集されるが、その中にも諸兄の井手の山荘の素晴らしさが歌われている。

④井手の里に来て、偲《しの》ばれるのはこの里における、かつての橘氏の栄華の跡である。その中に諸兄縁《ゆかり》の玉津岡《たまつおか》神社がある。私は郷土史家の宮本敏雪《としゆき》氏のご案内でその跡を訪れた。諸兄の邸があったという所は今は竹藪になっているが、見晴しのよい広大な

正式な祝詞《のりと》を読んだ後には大西ではなく、橘と名告《なの》る。また、境内摂社・橘神社には諸兄と諸兄の孫《そん》・楠木正成を祀るというが、どうもその御正体《みしょうたい》、酒解神《さかとけのかみ》のようである。この珍しい名の神、橘氏の鎮守社・梅宮神社の摂社《せっしゃ》・酒解《さかとけ》神社に祀られる、酒の神である。

因みに大西家、三代前までは、この地の酒造家であったという。

④井手の里(有王《ありおう》)●井手にある小字名「有王」は気にかかる名である。なぜなら有王という名は神の憑人《よりまし》で、さらに物語を運ぶ徒となる。最も有名なのは『平家物語』の俊寛《しゅんかん》のカタリである。有王は少年で俊寛の件をしたとも伝えられる。この井手の「有王」は有名である。柳田國男は「有王と俊寛僧都」(『物語と語り物』)で、「『橘氏系図』に『正四位下有主』という名が出て来る。この『有主』を『有王』と誤解した為に、橘氏の根拠地に『有王』なるものが実在したかに説かれるが、これは疑わしい」という。しかし柳田は有生の実在性は否定しつつも「井手の『有王伝説』は『平家物語』の流布と無

綴喜郡井手町の山麓にある小町の墓。粗野な趣の自然石が、ただ積み上げられた様は、
世をさけた晩年の小町を思い遣る巨大なケルンかとも思えた。

地で、いかにも諸兄の華麗な山荘があった所と思われた。

　ここにはまた井手寺という寺が在った。寺はすぐに荒廃したが、今でも様々なものが地下から出土するという。小町はここにやって来て、⑤深草少将ではなくこの寺の別当の妻となったという。

　小町の墓がある所には中坊利明さんという方が住んでいるが、今、納屋の建っている所には古墳があってそこから畳一畳分の朱が出て来たという。古墳の一角に小町の墓が在るのは、零落した小町にふさわしいことのように思われる。この墓は礎石を無造作に積み上げたようなもので、石燈籠が在るものの、それも片方だけで何か哀れな感じがした。この荒れ放題の墓を中坊さん一人がささやかにお守りしている。

　この中坊利明さんは森永砒《ひ》素《そ》ミルク・豊田商事・豊《て》島《しま》の産業廃棄物不法投棄事件、そしてバブル崩壊による住専不良債権問題等々を手掛けた弁護士・中坊公平さんの親戚で、小町の墓の斜め向かいに今も公平さんのお宅が在る。聞けば公平さんは京都で育たれたが、お兄さんは京都女子大の教授をしておられて、晩年この地に帰って住まわれたという。それが今は公平さんの手に帰したのであろう。別荘として利用されているのか、時々この地を訪れるという。

　中坊という姓から見て、御先祖は井手寺の坊さんをしていたのではないかと思われる。とすれば御先祖は橘諸兄や小野小町の鎮魂をしていたのかも知れない。そういう方がこのバブル景気に踊った人々に潰された人間たちの鎮魂のような仕事をしているのは何かの因縁であろうか。


縁ではない」という。

　では有王とは何者であるのか。「王」は童名で、神の子の意である。そして「有」は神の顕現を表わす。即ち「あらわれ」るのである。姿のない神が、この有王という子に卜占《ぼくせん》させて、自分の意志を伝えるのである。

　全国に流布する「有王物語」の中の幾つかに有王の伴をする女性が出て来る。多くは旅の老尼で、三途川《さんずのかわ》のババさんの様相をしている。その中に「小野小町」の名がある。井手は物語の徒が寄る別所（アジール）であった。

⑤深草少将●一説に僧正遍昭《へんじょう》といわれる。遍昭は桓武天皇の孫で、仁明天皇が崩御すると叡山に入り、後、花山の元慶寺《がんけいじ》を造り、さらに紫野雲林院を別院とした。紫野——ここでまた小野氏と交わる。『竹取物語』の作者とも伝えられる遍昭は「清水寺で小町と出会い、歌のやりとりをしている」。清水寺は妻を求める地であり、歌は恋である。能本に『雲林院小町』があった（廃曲）。

十九……良忍上人と声明《りょうにんしょうにんとしょうみょう》

小野郷といわれた大原は、惟喬《これたか》親王以来、希望を失った都の高官の隠遁《いんとん》の地であった。しかし、大原に隠遁したのは都の高官のみではない。天台宗の本山、比叡山延暦寺における政治的争いを嫌ってこの地に逃れた僧も多くいた。叡山は都の政治的権力に対する宗教的権力であるが、それがやはり権力である限り、そしてその権力が巨大になればなるほど、そこにもまた醜い政治的争いが出てくるのは必然のことであろう。そして俗世の権力は叡山に及び、皇族、貴族の出身者でなければ、座主《ざす》などの高位の僧になれないという有様であった。低い身分の出身者で純粋な求道《ぐどう》の心に燃える僧たちが、この叡山の現状に絶望し、山を下りたのは当然である。叡山の麓の大原は、このような僧たちの隠れ住む所つまり別所①となった訳である。

大原に隠遁した数ある僧の中でも、取り分けその影響が大きいのは十二世紀初めに活躍した良忍《りょうにん》②上人である。というのは、良忍によって、消極的な隠棲の地であった大原は積極的に声明《しょうみょう》③の里となり、山号を魚山《ぎょざん》と称するようになった。「魚山」を山号としたのは、中国における声明の祖聖といわれる魏《ぎ》の陳思王《ちんしおう》曹植《そうち》が、声明を始めたという旧跡・山東省魚山に依《よ》ったからである。

この魚山の寺々は「大原寺《たいげんじ》」と総称されたが、大原寺という寺は中国にはない。おそらく、この地の古名「小原」が「大原」となり、大原の里の寺ということで大原寺

①別所●北摂に数ある開成《かいじょう》皇子（光仁天皇の第一皇子）開基の寺の一つに神峯山本山寺《かぶさんほんざんじ》がある（住職・百済《くだら》氏、本尊毘沙門天）。この寺の開基伝承は、こうである。「役《えん》の行者《ぎょうじゃ》、弁財天と金比羅権現《こんぴらごんげん》の託宣により神峯山を開く。その折、一本の霊木より四体の毘沙門を刻す。すると、生まれ出でた毘沙門の一体は、大和信貴山《しぎさん》へ、一体は山城は鞍馬山へと飛んで行った。残された二体の毘沙門は根と根元で作られていた。根元の方は神峯山寺へ、根の方は神峯山寺の奥の院、本山寺に祀《まつ》られたという」

この話、長々書いたのは、実は、この本山寺と融通念仏が深く関わるからである。

大治年中（一一二六〜）、橘輔元《たちばなのすけもと》父子、不治の病を得る。ところが、この寺の瀧《たき》に打たれるとたちまち平癒。そこで父子ともに発心

の名は生まれたのであろう。

この大原の里を例の「呂律《ろれつ》が回らぬ」という言葉で有名な呂《ろ》川と律《りつ》川が流れている。律川は「音無《おとなし》の滝」を水源とし、その名は、良忍があまりに美声で声明を称えるので、滝でさえもその流れの音を止めたというのである。それほど良忍の声明は素晴らしかったということであろう。

良忍は愛知県知多郡富田《とみだ》[4]の生まれである。私が育った知多郡内海《うつみ》からそんなに離れていない。出自は地方の名家であるといわれるが、私が育った梅原家よりは、多少格が上だったのであろうか。しかし、叡山に上り僧になったからには、このような田舎の名家の出身などということはものの数ではなく、出世の役には全く立ちはしない。彼は叡山において止観業《しかんごう》及び遮那業《しゃなごう》を習得し、天台僧としても優等生であったが、二十余歳で大原に隠棲した。その理由を彼は語らないが、彼が叡山の現状に絶望していたのは間違いない。

良忍は融通《ゆうづう》念仏の創始者として知られている。念仏は恵心僧都源信《えしんそうずげんしん》によって末世の凡夫の救われる道と称揚されたが、その念仏はまだ観想《かんそう》の念仏という性格が強かった。しかし良忍はその念仏を口称《くしょう》の念仏と解釈した。その意味では良忍は法然の先駆者ともいえるが、良忍には、一人の念仏が総《すべ》ての人の念仏となり、総ての人の念仏が一人の念仏となるという融通の思想がある。これは華厳《けごん》仏教の思想であるが、こういう思想に基づけば、念仏は出来るだけ多数の人間で称えた方がよいということになる。この点、本来念仏は孤独な行為であり、一人口でナムアミダブツと称えれば、阿弥陀仏は必ず極楽へ往生させて下さるという法然の念仏とは異なる。

また融通の思想は、阿弥陀仏の功徳は他の仏の功徳とも相通じ、他の仏の功徳は阿

し、融通念仏の徒となる、と。本山寺と融通念仏の関係は毘沙門天にある。おそらく本山寺は北摂の別所の一つで融通念仏の道場であったのであろう。それを証明するのは、この父子の出家名である。父は、「良慧《りょうえ》」、子は「忍慧《にんえ》」——良忍の名の一字づつを頂いている。

良忍と橘氏——本山寺寺伝には、はっきりと父・橘輔元は良忍について融通念仏の教えを受けたとある。またその子・忍慧は本山寺の十八世となっている。

②良忍（一〇七三〜一一三二）●「人皇第七十一代後三条天皇延久四年壬子の元旦御誕生ありけるが出胎の初音凡庸ならずとて小字《おさな》を音徳丸と称せらるこれぞ後には声明の業に秀出して我朝梵唄《ぼんばい》の大祖と仰がれ玉う奇瑞の兆を思い知られて最も美《いみ》じき御事なり」（『三祖略伝』明治二十年）
入滅の年齢は「来迎院文書」に依り六十歳説が最も有力。

③声明●起源は原始時代に遡る。五千年の昔、北方インドのアーリ

良忍の大原・来迎院から少し山手に「音無の滝」がある。
緩やかに傾く岩肌を縫い、ひたひたと流れ落ちる透明な音色。声明の名人・
良忍が称え始めるとその水音を止めたという。滝もまた芸術家なのか。

弥陀仏の功徳とも相通づるという思想にもなる。とすれば主尊は必ずしも阿弥陀仏でなくてもよいということになる。後に円覚十万上人導御《えんがくじゅうまんしょうにんどうぎょ》が壬生《みぶ》寺で地蔵を本尊とする融通念仏を興行したのもこのような思想に基づく。この点も、頑固に阿弥陀仏の一仏崇拝を守る法然の専修《せんじゅ》念仏とは性格を異にする。

私は、この良忍の浄土教の特徴は芸術を使って仏教を布教しようとしたところにあると思う。その芸術というのは、音楽であり、絵画であり、そして芸能である。

良忍は慈覚大師円仁《じかくだいしえんにん》が中国から伝えた声明を相伝してそれを統一した。天台声明と称するものは総て良忍が大成したものである。この声明というものは、カトリックのグレゴリオ聖歌に比すべきもので、源をインドに発する。それは荘重なメロディで人人を宗教的なエクスタシーに誘う。この声明はまた謡曲や浄瑠璃などの殆ど総ての日本音楽の源流となった。大原は良忍以来この天台声明の根拠地であり、代々この大原に住む寺僧には声明の名人が多かった。

後白河上皇が、保元の頃、仁寿殿で七か日の「懺法《せんぽう》講」を修されたのを初めとして、その後、天皇の忌日や御忌（皇后や准三后《じゅんさんごう》の忌日）に京都御所で声明が称えられた。これが今に伝わる「御懺法講《おせんぼうこう》」である。⑤声明と天皇の関係は江戸時代の末期まで続いたが、⑥神仏分離・排仏棄釈によって、このような「御懺法講」を宮中ですることは廃止された。今でも大原の僧たちは毎年五月三十日に三千院に集まって声明を称えるが、皇族や貴族の参加者はなく、わずかに京都御所の所長が来賓で陪席するだけであるという。

このような「御懺法講」の衰微とともに天台声明を称える人も少なくなっていたが、大正末、多紀道忍《たきどうにん》師が出て、仏教音楽の研究者・吉田恒三《つねぞう》氏と協力し、多紀師が称え

ア族の原始祈禱《きとう》に始まる。

声明の日本化は一方で天皇と結び付き、宮中の「御懺法講《おせんぼうこう》」となり、一方で庶民のカタリ即ち琵琶法師の「平曲《へいきょく》」となった。

④富田●この地にある曹洞宗宝珠寺は在原業平《ありわらのなりひら》と良忍の開基という。寺には、業平の像や位牌があり、境内（寺の西方）には、鎌倉時代のものと思われる業平の五輪塔と業平塚がある。また業平は京より貴船《きぶね》明神（貴布禰大明神）を勧請している。

⑤声明と天皇●『本朝高僧伝』に以下の文章がある。「（村上天皇の御代）醍醐帝仏名会を修せられ、蔵（浄蔵《じょうぞう》）に勅して梵唄を為さしめたもふ。沙門平塞潛に之を嘲る。帝侍中藤公忠に詔して曰く、蔵の音韻殊絶なり」。

これは村上天皇が浄蔵貴所《きしょ》に、古曲通り二律上げて声明を称えるよう命じた。そして天皇は五弦琴で、その音合わせをする。するとピタリと合った。浄蔵は「絶対音感」の持ち主であったという逸話である。あの三善《みよし》清行の子・浄蔵

た声明を吉田氏が五線譜に採譜した。私が京都市立芸術大学の学長を務めていた時に、音楽学部の学部長を務めていた片岡義道氏も多紀師の弟子であった。片岡氏はドイツ文学及びドイツ音楽の研究者であるが、氏もまた晩年の多紀師に就いて声明を多く五線譜に書き記した。多紀師の弟子の中山玄雄《げんゆう》師・誉田玄昭《ほんだげんしょう》師、また多紀師の娘婿である多紀頴信《えいしん》師、そして中山師・誉田師の直接の弟子である天納傳中《あまのでんちゅう》師、来迎院住職の斎藤孝雄《こうゆう》師らが天台声明を盛んにした。特に天納傳中師は声明の音楽家として国際的にも活躍している。かくて大原は再び声明の里になった訳である。

　私は天皇を初めとする日本の知識人の教養から声明を切り捨てたことが現代の日本文化の底の浅さの原因となっているのではないかと思う。謡曲・浄瑠璃など、それから出たとはいえ、深い宗教性が薄められていることは否定出来ない。日本音楽の源流をなす声明を知識人の教養から切り捨てた結果、日本人の精神は底の浅いものになってしまったのではないか。ここにも、排仏棄釈・神仏分離という誤った政策の悪影響がまだ残っているのである。

貴所が声明の名人であるということはあまり知られていない。

⑥神仏分離●融通念仏を守護する仏は毘沙門天、神は大和吉野の勝手明神。現在も声明の神として祀られ、一社を形成している。なぜ声明の神が勝手明神か？　黒川道《どう》祐《ゆう》は『北肉魚山行記《ほくにくぎょざんこうき》』（『近畿歴覧《きんきれきらん》記《き》』所収）に「或る年の三月十一日という日、良忍が吉野の勝手明神の祭礼を見物していた。するとどうしたことか急に神輿が動かなくなった。人々が困っていると、勝手明神が一童子に乗り移って、良忍に向かってこう託宣した。『声明を称えなさい。そうすれば神輿は動きます』。神の声のままに声明を称えると果たしてその通りになった。その奇瑞によって良忍、大原に声明の鎮守として勝手明神を祀る」と記している。
　この社の御正体、巷説《こうせつ》では毘沙門天と伝えられる。

二十……良忍上人《りょうにんしょうにん》と「融通念仏縁起《ゆうづうねんぶつえんぎ》」

良忍《りょうにん》の始めた融通《ゆうづう》念仏はいわば念仏の合唱であり、それ自身一つの音楽であった。しかし、融通念仏宗は音楽という芸術以外の、別の芸術をその布教の手段として用いることによって、その宗勢を飛躍的に拡大させた。その芸術というのは絵巻である。絵巻は絵画と文章からなる総合芸術であり、平安時代から作られているが、中世、即ち鎌倉・室町時代に大いに発達した。その絵巻の中で今に残る作品の数が多いのは「融通念仏縁起」である。

この「融通念仏縁起」が最初に描かれたのは、①正和三年（一三一四）、良忍（一〇七三～一一三二）の死後百八十二年経ってからであるが、この縁起の普及は室町時代の僧、②良鎮《りょうちん》の力に因《よ》る所が大きい。

「愚僧この融通念仏の絵百余本すゝめ侍《はべ》る意趣《いしゅ》は、菩提薩埵《ぼだいさった》利物為懐の聖言《しょうごん》に順じて、六十余州に一本二本或多本、此《この》絵をつかはして、あまねく貴賤上下《きせんじょうげ》をすゝめたてまつり、名帳《みょうちょう》をたまはりて供養をとげ、当麻寺《たいまでら》の瑠璃壇《るりだん》に奉納せしめて、決定往生《けつじょうおうじょう》の因にそなへんがために開板せしむるもの也《なり》」

良鎮は、「清凉寺本」と称せられる嵯峨の清凉寺にある『融通念仏縁起』の奥書にこのように書いている。この縁起は詞書《ことばがき》③を後小松天皇、尭仁《ぎょうにん》法親王、四代将軍足利義《よし》持《もち》、六代将軍足利義教《よしのり》など当時の貴顕《きけん》がこぞって書き、また絵を六角寂済《ろっかくじゃくさい》、藤原光国《みつくに》

①正和三年●「現存の融通念仏縁起絵巻の諸本は、いずれも、正和三年（一三一四）成立の絵巻の奥書を伝写しているので、その正和本を祖本としていることがわかる。戦後、この正和本の原本乃至《ないし》はそれに近い制作と推測される、画格の実に堂々たる絵巻二巻が出現したのであるが、南無三、その下巻が截断され諸家に分蔵されてしまったのであった。楢崎宗重氏は、いち早く情報を捉えて調査し、その結果を多数の図版入りで『国華』誌上（七四四・七四五）に発表されたので、研究に益すること甚大であった。その価値を知った某古美術商が、急いでその断簡を集めて、旧態を回復したのはよかったが、その目的はアメリカに輸出することにあったらしい」（梅津次郎『絵巻物残欠の譜』昭和四十五年）

及び初めて土佐を名告《なの》った藤原行広《ゆきひろ》など、当時を代表する絵師が描いている。天皇や将軍がこの縁起の詞書を書いているのは、知恩院に現存する『法然上人絵伝』の詞書を伏見天皇、後伏見天皇、後二条天皇の三帝や、尊円入道親王、三条実重《さねしげ》など多くの貴顕が書いているのを思い出させるが、これも現在も行われている写経のように、その功徳によって現世利益《げんぜりやく》と来世の往生を得るためであろう。

良鎮は絵巻を作成して日本全国六十余州に一本二本或いは数本を配布しようとしたのであろうが、その作成には莫大な費用が必要である。もちろんそれは布教のためである。この絵巻は名帳とセットになっていて、この絵巻によって融通念仏の功徳を知り、名帳に自分の名と毎日行う念仏の回数を書いて、融通念仏の信者になるという訳である。

多くの「融通念仏縁起」の中で、「正和三年本」を忠実に写したと思われる、現在アメリカのシカゴ美術館（上巻）及びクリーブランド美術館（下巻）に分蔵される『融通念仏縁起』と、京都嵯峨の清凉寺にある『融通念仏縁起』が最も有名である。この両方を比較すると詞書も絵も、大体後者は前者を受け継いでいるが、新たに付け加えられたり、下巻に入れられていたものが上巻に入れられたりして多少の変更がある。ここではそういう細部の違いには触れず、まず清凉寺本『融通念仏縁起』を見ていくことにしよう。

この縁起の上巻は良忍上人の伝記を語り、④下巻は融通念仏の功徳を述べたものである。良忍は二十三歳（「来迎院文書」では三十一歳以降）にして⑤大原に隠棲したが、四十六歳の時に、夢に阿弥陀如来が現われ次のように語った。

「融通念仏は一人の行《ぎょう》をもて衆人《しゅうじん》の行とし、衆人の行をもて一人の行とするが故に、

②良鎮（生没年不詳）●「良鎮は全國に散らばる念佛勧進聖の元締のような立場にある人であったことは明らかであり、且《か》つ彼の本據が大和地方殊に當麻寺《たいまでら》を中心とするものであったことも亦、その奥書の中に於いて知られる。良鎮の活動年代は、清凉寺本下巻第五段に見える應永三十年（一四二三）を最下限とするから、知恩院本の永徳二年（一三八二）はそれを遡ること四十二年であり、ほぼその活動の上限を示すものと考えてよい」（梅津次郎『初期の融通念仏縁起絵について』「仏教芸術」三十七号　昭和三十三年十二月）

③後小松天皇（一三七七〜一四三三）●政治的には一切の権力を失った天皇である。故に芸術に生きた。「北朝の天皇は文学好き」（岡見正雄）をそのまま生きた人である。

『看聞御記《かんもんぎょき》』で我々に室町の〝文化〟を教える後崇光院《ごすこういん》（伏見宮貞《さだ》成《ふさ》親王）の子・後花園天皇（一四一九〜一四七一）もまた、永観堂所蔵の『融通念仏縁起絵巻』（禅林寺本）の詞書の筆者である。

来迎院に伝わる『融通大念仏縁起』絵巻の部分。
良忍上人のもとに集まる動物たち。

『融通大念仏縁起』下巻部分。
「清凉寺融通大念仏」の様子。
仏の前で踊る異装の人々、長柄杓を差しだす勧進聖、集まった人々の表情など、
舞台芸術にも通じる熱気すら連想させる。

功徳《くどく》も広大也《こうだいなり》。往生も順次《じゅんじ》なるべし。一人往生をとげば、衆人も往生を遂《とげ》ん事うたがひあるべからずと云々《うんぬん》」

当時、浄土教は隆盛を迎えていたが、浄土往生は融通念仏に依《よ》るのが一番良いと阿弥陀仏は言い給うたのである。そしてこの阿弥陀仏の言葉に従って融通念仏の信者になったのは人間ばかりではなかった。或る日青衣《しょうえ》を着た壮年の僧が大原の良忍の庵《いおり》にやって来て、名帳を開いて名を書くとたちまちに姿を消して、見えなくなってしまった。良忍は不思議に思って名帳を開くと、「奉請念仏百反、仏法護者鞍馬寺の毘沙門《びしゃもん》天王、念仏結縁衆《けちえんのしゅう》お(を)守護せむがために来れり」と書いてあった。毘沙門天自らが融通念仏の信者になり、毎日、百遍の念仏を称え、念仏の衆を守ろうというのである。翌年良忍が鞍馬寺に参拝して通夜《つや》念仏したところ、毘沙門天が幻の如く現われ、

「他の神々を融通念仏に誘った」

と良忍に告げた。良忍が我にかえると、一巻の書があり、そこに梵《ぼん》天・帝釈《たいしゃく》天・持《じ》国《こく》天・増長《ぞうちょう》天などの仏教護持の神ばかりか、日本古来の神である賀茂・伊勢・宇佐などの神々の署名があったという。この縁起の絵は、神々のオールスターというべき八《や》百万《およろず》の様々な格好をした神々が現われて、一斉に融通念仏の信者になるというところが圧巻である。アイヌの宗教では神々と人間とを媒介するのは火の神であるが、火祭りで有名な鞍馬寺の毘沙門天は、或いはこのような役割を火の神から受け継いでいるのかも知れない。

下巻は融通念仏の功徳が語られている。功徳は鳥羽院、広隆寺の女院、和泉前司《いずみのぜんじ》道《みち》経《つね》が女子、青木の尼公、城南寺の供僧《くそう》心源が父母の往生や、木寺《きでら》の源覚僧都の牛飼童《うしかいわらわ》の妻女が難産から回復したこと、北白川の下僧が妻の蘇生など、上下貴賤にあまねく

④下巻●「正嘉《しょうか》疫癘《えきれい》の段」で、「フリア美術館模本」(東京国立博物館蔵)は、摩多羅神《またらじん》を描く。「棟梁的な疫神の風體を俗體騎牛の男神に描き表わしているのは他に見ない。この男神が圖像的には摩怛羅神であることは興味深い」(梅津次郎)

摩多羅神は広隆寺の「牛祭」の神である。真如堂では仏教守護の神として祀《まつ》られる。またこの神は叡山・常行三昧堂《じょうぎょうざんまいどう》に坐《いま》す。

常行三昧堂——ここに良忍はいた。彼は堂僧であった。堂僧とは常行三昧堂の合唱僧のことである。

因みに親鸞《しんらん》もまた叡山の堂僧であった。

⑤(良忍の)大原隠棲●現在良忍の叡山下山の年は、来迎院の如来蔵から発見された史料に依って、三十一歳以降が定説。二十歳から下山までの間、良忍は叡山の東塔檀《だん》那《な》院《いん》実報房《じつぼうぼう》に在住していたという。

⑥『融通大念仏縁起』来迎院本●『洛北誌』(明治四十四年)「大原村

及ぶが、特に下層階級の女性の救済が強調されていることは注意すべきことであろう。融通念仏の功徳は鳥獣にすら及ぶ。そういう詞書に応じて、絵は特に当時の下層階級の人々、例えば伊達者《だてもの》や乞食《こつじき》、巫女《みこ》や簓摺《ささらす》り、猿曳《さるひ》きや鉢叩《はちたた》きなどの姿が生き生きと描かれている。この清涼寺の『融通念仏縁起』には最後に清涼寺で融通大念仏が催され、多くの男女が狂喜乱舞する様が記されている。

来迎院には様々な良忍の遺物があり、その中に『融通大念仏縁起』⑥来迎院本が伝わる。また良忍の書写本等によって、彼は叡山にいた頃は良仁と名告り、大原に下山してから良忍と名を変えたことも解る。

この来迎院に、必ずしも来迎院の遺物にふさわしくないようなものがある。それは最澄《さいちょう》の度牒《どちょう》である。これは出家した者に官府が与える証明書であり、その出生などが明記されているため、伝教大師最澄に関する根本史料でもある。この度牒は当然天台宗の最も大切な宝物として、叡山に保存されるべきものであり、どうしてこの大原の来迎院にあるのか。

蓮成《れんじょう》院の御住職・斎藤孝圓《こうえん》師の語るところに依ると、叡山が焼き討ちにあった時に、誰かが持って出てこの来迎院に預けたのではないかという。そういえば大原の町内には重文級の仏像が多く保存されている。これも焼き討ちの際に持って来たものといわれるが、織田信長の行った叡山焼き討ちという暴挙の跡が今もこのような形で残っているのである。

来迎院」の項に以下のようにある。

「此他寶物云（中略）後小松天皇御詞書土佐行長畫融通念佛大縁起（後略）」

即ち詞書・後小松天皇、絵・土佐行長。この絵巻は一度、明治の博覧会（ラベルが付いている）に出品されたらしいが、以後、公の場には出ていない。装幀美しく、絵もしっかりとしているが、肝心の後小松の詞書はない。絵巻の最後には、ただ一行「絵筆者土佐雅《う》楽助《たのすけ》行長」とある。因みに『来迎院本』を納める中箱の箱書きには中央に「融通大念佛縁起」、向かって右に「大原寺《たいげんじ》」、向かって左に「浄蓮華院」と記されている。

この絵巻はかつて「折本」の時代があったらしい。それで十五センチ間隔に「折り目」が入っている。「折本」であると、見たい場面がすぐに出て来るという便利さがある。

二十一………良忍上人と大念仏寺《りょうにんしょうにんとだいねんぶつじ》

大原の隠者として一生を送った良忍《りょうにん》（一〇七三～一一三二）は、融通《ゆうずう》念仏を称え声《しょう》明《みょう》を大成したものの、自分が一宗一派の祖師となることなどは夢にも思わなかったに違いない。彼は①法明《ほうみょう》・②大通《だいつう》という、彼の教えを汲み融通念仏を普及しようとする二人の弟子によってとうとう融通念仏宗の祖師となってしまった。

融通念仏宗の総本山は大阪平野《ひらの》にある大念仏寺《だいねんぶつじ》である。平野という地は坂上田村《さかのうえのたむら》麻呂《まろ》の子の広野麻呂《ひろのまろ》の領地であり、ヒロノがなまって平野になったという。また近くに③杭全《くまた》神社があり、ここはかつて熊野詣で賑わった交通の要衝の地である。それ故経済的にも繁栄し、いつも多くの宗教者が出入りしていた。

『三祖略伝』という良忍・法明及び大通の伝記を読むと法明と大通は性格的に正反対の人間であったように思われる。法明は鎌倉時代から南北朝時代の乱世に生をうけ、一生旅をしながら布教した夢見る理想家であったのに対し、大通は秩序の回復した江戸時代に生をうけ、強くこの平野という土地に執して融通念仏宗という教団組織を作った実際人であった。

法明は今の大阪市東成区《ひがしなり》深江町《ふかえちょう》の名門の清原氏の出自であるが、彼が十二歳の時に悪党の襲撃を受けて父は殺され、まもなく母も死んだ。この点法然の人生に似ているが、それでもなお彼は家の跡取りとして妻を迎え、子をなしたが、疫病のために妻

①法明（一二七九～一三四九）●法明房良尊《りょうそん》。『三祖略伝』に依れば、彼は信貴山の毘沙門天の申し子という。大念仏寺中興の祖であるが、大念仏寺の通称が、亀鉦寺《かめがねでら》であったり、法明が「万部会《まんぶえ》」即ち「二《に》十五菩薩来迎会《じゅうごぼさつらいごうえ》」の発案者であったり、大念仏寺にとっては、第一の人のようである。法明の数々の奇瑞は縁起となって残っている。

ただこの人と「融通念仏縁起」の弘通《ぐづう》者・良鎮との関係が難しい。二人はかなり混乱して描かれる。或る時は同一人物のようである。しかし「絵巻の良鎮」の活躍年は、永徳二年（一三八二）から応永三十年（一四二三）。それ故、応永の良鎮と呼ばれた。

「この応永の良鎮については、嵯峨清涼寺の末寺であった小倉山《おぐらさん》三宝寺《ぼうじ》（滝口寺《たきぐちでら》）の歴代の一人であったらしいことが報告されてい

大阪・平野の地に開かれた大念仏寺は融通念仏勧進の根本道場とされている。
二十五菩薩来迎練供養が毎年五月初旬に催される。
この観音菩薩は、蓮台に亡者を乗せ、この世からあの世に送るという。

子を一時に失った。それで彼は深く世の無常を感じて出家、初めは高野山で、後に叡山で学んだが、いつの間にか末世の衆生を救うのは融通念仏しかないと確信を持つに到った。

　法明はいつも人生の決定的な行動を夢のお告げで決めた。融通念仏に帰依した元亨《げんこう》元年（一三二一）十一月十五日、四十三歳の時、深江の草庵でひたすら瞑想に耽《ふけ》っていた夜のことである。夢に僧形の神が現われて、男山《おとこやま》の④石清水八幡宮《いわしみずはちまんぐう》の神と名告《なの》り、

「私は良鎮という僧から、開山伝来の霊宝をことごとくこの男山の社殿に預っている。そして融通念仏を布教することが出来る立派な人間が出て来たらこれらを渡そうと思う」

　と語った。それで法明は弟子を連れて男山八幡宮に行こうとして、今の枚方《ひらかた》市の茄《な》子作《すづくり》という所まで来ると神人《じにん》らしい一行が木箱を数個積んだ荷車を牛に引かせてやって来るのに出会った。そして、神人は法明に、

「深江の里に行くにはどう行ったらよいか、また、彼の里に法明と申す御人があるか」

　と問うたので、法明は、

「私こそ深江の法明である」

　と言うと、実は自分は男山八幡宮の社人であるが、昨夜八幡神に融通念仏宗の宝物をことごとく深江の法明上人に渡せ、というお告げを受けたので、夜の明くるのを待ってこのように持参したという。法明は、さてこそ昨夜の夢は正夢であったと、その宝物をことごとく受け取ってつぶさに点検して松の梢に五軸の本尊を掛けた。そしてあまりのうれしさに法明たちは宝物の鏡鉦《かがみがね》を打ち鳴らして踊り狂った。これが融通念仏宗の踊り念仏の初めである。

る」（松原茂『日本の美術・融通念仏縁起』）
　良鎮は二人いた？「法明伝」に出て来る良鎮は、寿永元年（一一八二）に没した人である。

②大通（一六四九〜一七一六）●『三祖略伝』に依れば、号忍光《にんこう》。大和国長谷寺《はせでら》の観音の申し子。
　そして大通は円覚十万上人導御《えんがくじゅうまんしょうにんどうぎょ》の融通念仏の奥義と、西山善慧上人証空《せいざんぜんねしょうにんしょうくう》の説く当麻曼陀羅《たいままんだら》の奥義を感得、高野聖の如く笈《おい》を負うて、諸国を遊行した。

③杭全《くまた》神社●この名は明治三年からのもの。かつては「熊野三所権現」、或いは熊野権現社と通称された。主祭神はスサノヲの命、故に祇園《ぎおん》社とも呼ばれていた。
　御伽草子『熊野本地』を有する。

④石清水八幡宮●僧行教《ぎょうきょう》（平安前期の大安寺の僧）が宇佐八幡宮より勧請したこの神はしばしば僧形《そうぎょう》で現われる。またこの地は『熊《くま》野御幸記《のごこうき》』（藤原定家　建仁元年／一二〇一）にあるように、熊野詣の起点であった。

また法明の夢に見慣れない老僧が立って、

「私は加古（現・兵庫県加古川市）の教信という者であるが、あなたは融通念仏の正統を受け継ぎ、実に天晴《あっぱれ》である」

と誉めた。この加古の教信という僧は平安時代の念仏者で親鸞《しんらん》なども大変尊敬した人物である。法明は念仏の元祖に彼の信仰の正しいことを認められたのである。

法明が加古の教信寺（現・加古川市野口）を船で訪ねた時、船は嵐に遭い、止むなく法明は良忍が鳥羽上皇より賜わった鏡鉦を投じて嵐を鎮めたが、帰りにその場所に行ってみると、蓬萊《ほうらい》を負った一匹の亀⑤が鉦を頭に頂いて、法明に返した。その鉦は「亀《かめ》鉦《がね》」と名を変えて今も大念仏寺にある。

また法明の晩年、ひとりの白髪の老人が現われて、

「かの楠木正成《まさしげ》の長子正行《まさつら》が高師直《こうのもろなお》の大軍と戦うために四条畷《しじょうなわて》に向かった。おそらく壮絶な戦死を遂げるであろう。懇《ねんご》ろに弔って欲しい」

と言って消えた。その老人は吉野勝手大明神《よしののかってだいみょうじん》即ち大山祇命《おおやまつみのみこと》であった。それで法明はお告げに従ってその場所に赴いたところ、累々として放置されていた屍《しかばね》があったので丁重に葬った。いかにも戦乱に明け暮れた南北朝らしい話である。彼は戦乱の世に悩む人々に、この融通念仏というひたすら極楽浄土を願い、この一日を喜び生きる知恵を与えた聖《ひじり》といえよう。彼によって主として河内・大和の地に別時《べつじ》という融通念仏の講が興った。ところが幕藩体制になって、幕府はこの別時というアナキズムの傾向を持つ融通念仏の講をひとつの組織に統合して幕府の監督の下に置こうとする欲求を強く持った。

大通はそれを巧みに利用して一つ一つ独立していた講を大念仏寺の下に置き、その

⑤亀●この亀については、『融通大念仏亀鐘縁起』なるものが、大阪府柏原《かしわら》市西光寺（一巻／室町時代末）、大念仏寺（同）、奈良市徳融《とくゆう》寺《じ》（一巻／江戸時代）等に所蔵される。いずれも絵巻。『三祖略伝』の奇瑞の亀の描写は以下の通り。「（前略）蓬莱《ほうらい》を負《おい》たる霊亀《かめ》にして先に沈め玉いし鏡鐘を頭上《こうべ》に戴き上人に還し奉つるにてありければ上人夢かとばかり打喜び御手を伸《のべ》て取上《とりあげ》玉えば船中の諸人稀代の不思議と感ぜぬ者ぞなかりける想うに是海龍王《これかいりゅうおう》随喜結縁《けちえん》の為に霊鐘《かね》を暫時頂戴受持したるが御寄航の時を待て斯《かく》は奉還せしなるべし然《しか》るに彼《かの》亀は名残惜気《なごりおしげ》なる風情にて上人の御船に随《したが》い来るにぞ上人頓《やが》て御心得十念を授け玉えばさも嬉気《うれしげ》に頂礼《ちょうらい》して海底に入りぬされば此《この》因縁に由て鏡鐘を改めて亀鐘と呼びなし霊宝の最位に称《たた》えになん（以下略）」（「加古の遺跡並に亀鐘由来の事」）

⑥二十五菩薩練供養●その初めは、五来重《ごらいしげる》の言う「擬死《ぎし》再生儀礼」であったと思われる。橋を渡る人々は命懸けであった。落下する

ことによって幕府の援助を得ることに成功した。現在の大念仏寺は彼の時代において成立し、寺域を何倍かにした。大通は教義を作り、そして僧として守るべき倫理的規定を設けて融通念仏を一つの宗派にしたのである。彼は自己に厳しく学問に詳しい立派な僧であったが、政治的な手腕にも優れていた。

　私は先日この大念仏寺を訪れたが、本尊は阿弥陀の来迎の図である。これは恵心僧《えしんそう》都源信《ずげんしん》が大変好んだ絵であるが、この大念仏寺の場合は来迎する菩薩は二十五でなく十であり、『天得《てんとく》十一尊』という。おそらくそれは法華経や華厳《けごん》経の思想を来迎図に含ませたものであろう。融通念仏宗の主に依拠する教典は「華厳経」「法華経」それに「浄土三部経」と「梵網《ぼんもう》経」であるが、それはこの融通念仏宗が良忍に従って「華厳経」を重視していることを示している。「梵網経」が根本経典に含まれるということはおそらく大通の戒律を重視した精神を示すものであろう。そして本尊の両脇に毘沙門《びしゃもん》天と八幡大神が脇侍《わきじ》として立っている。毘沙門天は良忍にとって、八幡大神は法明にとって各々大切な神仏であり、脇侍が仏と神であるのは、大通が良忍と法明の信仰に忠実に従っていることを示している。

　大念仏寺の最大の行事は⑥二十五菩薩練供養《ねりくよう》(例年五月一日から五日まで行われる)である。練供養は大和の当麻寺《たいまでら》が有名であるが、最近、京都の民俗芸能を観る集いで、京都東山にある⑦即成院《そくじょういん》の練供養を見た。それは少年少女によって演ぜられる大変美しい死の劇であった。観音・勢至・普賢菩薩が各々可憐に踊り、蓮台《れんだい》に死者を乗せてあの世に送る様を如実に演じていた。伴奏には御詠歌が流れ、私は大変感動した。大念仏寺の「練供養」も是非一度見たいと思った。

のを恐れて、橋の途中で泣き出す者もいた。みな身を震わせて、必死で、橋を渡った。この橋、名があって、〝布橋《ぬのばし》〟という。練供養もまた、白い布を敷いて、そこを二十五菩薩が練り歩く。(五来重『布橋大灌頂《だいかんじょう》と白山行事』参照)

⑦即成院●現在、泉涌寺《せんにゅうじ》(御寺)の塔頭《たっちゅう》。かつて深草大亀谷《おおかめだに》にあった。なぜここに「二十五菩薩練供養」が伝わるのか。この寺の本尊は阿弥陀様(坐像)。脇壇には二十五菩薩が坐す。本尊・脇侍、ともに恵心僧都源信作と伝えられて来た。『即成院縁起』『都名所図会』には多くの奇瑞が描かれる。

　写真によるフィールド・メモ「大原、念仏の里」12・13参照。

大念仏寺本堂内部の荘厳（しょうごん）。

二十二……大原勝林院と法然《おおはらしょうりんいんとほうねん》

昔、大原にはたくさんの寺があった。寺は来迎院を中心とする上《かみ》の寺と、勝林院①を中心とする下《しも》の寺の二つに分かれていた。この下の寺の勝林院は上の寺の来迎院よりその建造の年代が古い。来迎院が建てられたのは天仁《てんにん》二年（一一〇九）であるが、勝林院が建てられたのは長和《ちょうわ》二年（一〇一三）である。とすれば、勝林院の建立は来迎院の建立より約一世紀古いことになる。勝林院の本堂・阿弥陀堂の本尊・阿弥陀仏は康《こう》尚《じょう》の作であるが、その阿弥陀堂は享保二十一年（一七三六）の火災によって焼け、本尊も焼失したらしい。今の建物は安永七年（一七七八）に再建されたものであり、その本尊は元文《げんぶん》二年（一七三七）に香雲《こううん》によって造られたものである。

この阿弥陀堂を建てたのは寂源《じゃくげん》②であるが、寂源は左大臣源雅信《まさのぶ》の五男で源時叙《ときのぶ》といい、年は十九歳、位は少将であったが、出家しやがて大原に隠棲した。それで彼は「少将の聖《ひじり》」と呼ばれたが、この勝林院で常行三昧《じょうぎょうざんまい》③の行を行った。常行三昧の行というのは、円仁《えんにん》によって中国から叡山にもたらされた阿弥陀信仰の行である。それは口にひたすら阿弥陀仏の名を称え、心にひたすら阿弥陀仏を念じ、阿弥陀仏の周りを三か月ひたすら巡《めぐ》る行である。この行は叡山の常行三昧堂で行われていたが、彼はこの大原に、一切の雑音に煩わされずひたすら極楽浄土往生を願う常行三昧の行を行う御堂《みどう》として、勝林院を建立したのであろう。彼は貴顕《きけん》の出身なので、このような立派

①勝林院●勝林院の名は寂源の時に付けられたらしい。正式には、魚山《ぎょざん》勝林院。魚山は声明の意。勝林は祇園精舎《ぎおんしょうじゃ》に同じ。故に、声明の道場の意。良忍は下山とともに勝林院に入っている。勝林院は道場である為、昔から常住の住職はいない。宝泉院、実光院、普賢院《ふげんいん》などの住職の長老が輪番制で務めて来た。普賢院は今はない。かつて普賢院には、魚山法師として声明道に励んだ北野天満宮の社僧の子・竹円房宗淵《しゅうえん》（一七八六〜一八五九）がいた。宗淵は文化十三年（一八一六）、「六巻帖《ろっかんじょう》」の編集草稿を作成、さらに坂本走井堂に隠棲して宗淵本「魚山叢書」を編集。「六巻帖」は、現在、天台声明の最も貴重な〝楽譜〟である。この宗淵の版木を実光院の先々代住職・石室《いしむろ》静洞師が改版し、朱墨で旋律を入れ、青墨で五音《ごいん》（宮《きゅう》・商《しょう》・角《かく》・

な本尊の居られる寺院を自力で建立することが出来たのであろうか。その時毘沙門天《びしゃもんてん》が彼を守護したというが、その点でも彼は良忍《りょうにん》の先駆者といってよい。

この阿弥陀仏は「④証拠の阿弥陀仏」といわれ、ここで寛仁《かんにん》四年（一〇二〇）、寂源が天台の碩学《せきがく》を請じて、法華八講《ほっけはっこう》を行った時、覚超《かくちょう》と遍救という二僧が空・不空について議論した。覚超が不空を論ずると本尊がその姿を隠し、遍救が空を説くとその姿を現わし、天台仏教で説く有にも偏しない、無にも偏しない、中道実相《ちゅうどうじっそう》の理を示されたというのである。普通の人間は欲望に捕われる。それは「有」の執である。しかし小乗仏教の人は欲望の否定に捕われている。それは「無」の執である。このように、人間は欲望の肯定に捕われてもよくなく、欲望の否定に捕われてもよくなく、肯定をも否定をも超えて、中道に生きることが真に自由な人間の生き方であるというのが天台仏教の教えなのである。

この阿弥陀仏はこういう天台仏教の教義を形によって示した訳であるが、この「証拠の阿弥陀仏」が今一度証拠を示す時があった。それは文治《ぶんじ》二年（一一八六）の秋の頃である。ここに既に承安《じょうあん》四年（一一七四）から一人の僧が籠居していた。それは大僧都《だいそうず》という高い位の⑤顕真《けんしん》という僧であるが、承安四年というのは平家の全盛時代であり、法然《ほうねん》が専修念仏の教えを布教するために山を下りた前年である。顕真は政治的情勢を睨んで大原に籠居したのであろうか。顕真は法然の名声を聞いて法然に会い話を聞いたが、

「法然房は知恵深遠なれどもいささか偏執の失《しつ》あり」

と法然が帰った後に語ったという。顕真は浄土念仏に心魅かれていたが、法然の説の過激さにいささか辟易《へきえき》したのであろう。その後平家が滅び、また大飢饉などがあり、

徴《ち》・羽《う》）を入れた。さらに大正十三年、「静洞版六巻帖」に天納《あまの》中《ちゅう》海《かい》師が目録を入れたものに、天納《あまの》傳中《でんちゅう》師が新たに註を付したものが、平成元年再版された。また石室師は明治四十三年、真宗高田派の「声明集」を編集している。これが『高田勤行聖典《たかだごんぎようせいてん》』八曲である。このうち、二曲は天台声明をそのまま伝え、六曲は、〝音〟は同じであるが、〝言葉〟は真宗の言葉に変えられている。

②寂源（九六五？〜一〇二四）●一説に天徳四年（九六〇）生まれ。父源雅信は、催馬楽《さいばら》を口ずさみ、和琴、箏《そう》、笙《しょう》をよくし、「音楽堪能、一代の名匠」とうたわれた。姉は道長の室・倫子《りんし》。密教を学びながら「常行三昧」を修した。

③常行三昧●仏立《ぶつりゅう》三昧とも般舟《はんじゅ》三昧ともいう。常行三昧堂の守護神は疫神《えきじん》・摩多羅神《まだらじん》。しかし一方でこの疫神は念仏守護の神として、神楽岡の真如堂（引声《いんぜい》念仏会＝十夜念仏）、太秦の広隆寺（牛祭）等で信仰される。

勝林院

法然が論争に勝利した「大原問答」で知られる大原・勝林院の本堂。

人々は深い無常の体験を持った。そしてこの戦後の復興の中から専修念仏の布教者としての法然の姿が人の目に立つようになる。文治二年は壇ノ浦で平家が滅んだ翌年である。その時顕真は大原に法然を呼び、叡山の碩学《せきがく》と討論をさせた。その討論は一日一夜に及んだが、それは完全に法然の勝利に終わり、その結果顕真以下叡山の碩学たち総《すべ》て法然の教えに帰したという。これが有名な「大原問答」であるが、この時も「証拠の阿弥陀仏」は手から光明を放ち、念仏が必ず衆生を極楽往生せしめるという証拠を示されたそうだ。この阿弥陀仏はよほどの学者なのであろう。天台仏教ばかりか浄土仏教の教義にも精通されていたようである。

　この大原問答の時の法然の御影《みえい》が今百万遍《ひやくまんべん》の知恩寺にあるが、これは誠に温和な顔をした他の法然の御影と違って、目を爛々と光らせ、あたかもあの藤原鎌足《かまたり》の八方睨みの像のような御影である。法然にはこのような論争家としての一面があったのである。そしてこの大原問答によって法然の名声はますます上がり、浄土宗の宗祖としての法然の地位が確立した。

　一方この阿弥陀仏の方は、新しい法然の浄土教を認めたはずなのに、この大原では依然として古い天台の浄土教の阿弥陀仏としての役割を果たし続けていられるように思われる。この阿弥陀仏は定印《じよういん》即ち瞑想している座像の阿弥陀仏であり、法然の浄土宗が本尊として崇める来迎印《らいごういん》即ち死者をお迎えに来ている姿の立像《りゆうぞう》の阿弥陀仏ではない。それで膝の所に両手の親指と人差し指を合わせて二つの円を作って瞑想している姿を表わしているが、その御手から五色の糸と白い紐が垂れている。この白い紐は「善の綱」⑥（紼《つな》）と呼ばれ、阿弥陀様が亡者を無事に浄土に連れてゆく綱である。これは法然の信仰ではなく、むしろ寂源の信仰であろう。平安時代の往生者の話に、こ

④「証拠の阿弥陀仏」●「大原問答」の時の「証拠の阿弥陀」は、一説に、御本尊の丈六《じようろく》の阿弥陀ではなく、「踏出阿弥陀如来《ふみだしのあみだにょらい》」ともいわれる。この阿弥陀様は立像で、二つの蓮華の上に御足を踏み分けて乗られ、踏み出した御姿である。現在、法然上人の像とともに本尊の向かって左奥に安置されている。

⑤顕真（一一三〇〜一一九二）●天台宗延暦寺六十一代座主。美作守《みまさかのかみ》・藤原（葉室《はむろ》）顕能《あきよし》の子。梶井門跡・最雲法親王《さいうんほっしんのう》に師事。「大原談義」の翌年、文治三年（一一八七）正月、勝林院において同志十二人とともに不断念仏を修した。叡山での出世を極め、権僧正となるも、東塔・円融房で没すると、遺命により勝林院に葬られた。

⑥「善の綱」●勝林院への道に二つの橋が架かる。萱穂橋《かやぼのはし》と来迎橋。
○魚山勝林寺（一名大原寺）門主御所ノ北ニ在リ
萱穂橋（板橋）御所ノ北ニ在リ
（略）造悪　不善ノ輩ハ渡ルコトヲ得ザル也。（略）

勝林院の本尊・阿弥陀如来の手に結ばれた二本の紐は、結縁（けちえん）と極楽往生への導きの綱という。綱を辿って昇る視線は、温和な胸に融け入るかのようにも思えた。

ういう紐を結んで極楽往生の証とする話がたくさん出て来る。

大原の里では二十年から三十年前まではこのような儀式が行われていたという。今でも「お骨」を来迎橋に置いてかつてのようにこの儀式を行う人がいるという。私は大原でそのような古い信仰の形が残っているのに改めて驚いた。

この⑦声明《しょうみょう》の道場でもあった魚山《ぎょざん》勝林院にはその他たくさんの興味深い仏が居られるが、特に私の目を引いたのは素木《しらき》の十一面観音である。この十一面観音は⑧北野天満宮にあったものであるが、排仏棄釈の時にここにもたらされたという。見事な彫りの素木の仏であるが、北野天満宮にある十一面観音は私が何度も論じたように菅原道真の化身とみてよい。排仏棄釈運動の中で仏となった道真さんがこの山深い大原に逃げて来られたのであろう。

この十一面観音は今でも触ることが出来る。その手は多くの人に触られ、黒光りしていた。おそらくこの十一面観音様の御手は、北野天満宮にいらっしゃった頃から何百年の間、何万何十万という人間の手に触れられ、こんなに黒光りするようになったのであろう。私はこの大原の里に隠れている、菅原道真の化身と思われる十一面観音の黒く輝く御手に根強く続く民衆の信仰を見たのである。

來迎橋（切石ノ橋欄干銅ノ擬寶珠有リ）萱穂ノ北二十間許リニ在リ　此ノ橋郷中ニ新死ノ者有レハ葬送ノ時先ツ此ノ橋上ニ棺ヲ舁來《かききたつ》テ。堂ノ如來前ニ燈明ヲ照シテ。本尊ノ御手糸ト紼《ゼンノツナ》ヲ結合セテ修願回向《しゅがんえこう》スルナリ（『山州名跡志』巻之五／一七一一）

⑦（法然と）声明●『知恩伝』（一二八〇成立）に依れば、この声明の作曲者の一人に住蓮《じゅうれん》がいたという（三田全信《さんだぜんしん》）。また『徒然草』第二二七段には、「六時礼讃《ろくじらいさん》は、法然上人の弟子、安楽《あんらく》といひける僧、経文をあつめて造りて、勤めにしけり。その後、太秦の善観房といふ僧、節博士《ふしはかせ》を定（め）て、声明になせり。『一念の念仏』の最初なり。後嵯峨院の御代よりはじまれり。法事讃も、同じく善観房はじめたるなり」とあり、「六時礼讃」は安楽の作という。（岩田宗一『声明の研究』参照）

⑧北野天満宮●写真によるフィールド・メモ「大原、念仏の里」15・18参照。

二十三……三千院と宮家《さんぜんいんとみやけ》

日本は既に八世紀から、「律令《りつりょう》」に基づいて国の政治が行われる法治国家になったが、その法治国家の体裁が整ったのは、大宝元年（七〇一）の「律令」の制定による。「律」というのは今の刑法に当たり、「令」というのは今の行政法や民法に当たる。この「律令」制定の中心人物が藤原鎌足《かまたり》の子の藤原不比等《ふひと》であった。不比等は卓越した政治家で、和同開珎《わどうかいちん》の鋳造、奈良遷都、『日本書紀』の編集などを行った。総《すべ》て「律令国家建設」の理念によって行われた政治事業である。

彼は中国の「律令」を基にして日本の「律令」を作ったが、その際重大な改編を行った。中国の「律令」は皇帝の権力を絶対的なものとするが、日本の「律令」は天皇の権力を出来るだけ少なくし、太政官《だいじょうかん》の権力を大きくするものであった。この太政官の中心に藤原不比等がいて、代々その地位を子孫に継承せしめたのである。従って、日本の「律令」は天皇ではなく、藤原氏が中心になって政治を行えるように初めから出来ていたのだ。それによって藤原氏は、一時の中断はあるものの、約四百年の間権力を独占し、鎌倉時代以後もずっと宮廷を支配し続けることが出来た。

中国の「律令」と日本の「律令」との違いに、「親王国」①の有無というものがある。中国の「律令」では「親王国」というものの存在が規定されているのに、日本にはない。それ故天皇の皇子たちは、ただ一人天皇の位を継承出来る皇子を除いては、衣食

①「親王国」●唐では親王は一国の主と規定されている。しかし日本の律令は甚だ曖昧《あいまい》であり、親王に政治的権力も軍事権も持たせていない。
このことは、日本の天皇の現在の象徴天皇制の在り様を既に示している。日本の天皇は学問をしていればよろしい、芸術に生きていればよろしい、といっているのである。

②梶井門跡●堀河天皇の第二皇子とも、第三皇子ともいわれる最雲法親王が第十四代門跡として入寺し、第五十八代門跡・昌仁《しょうにん》法親王をもって、親王入寺の門跡寺院としてのこの寺の歴史は終わる。
昌仁法親王は伏見宮貞敬《さだよし》親王の王子で、安政六年（一八五九）六月、入寺。しかし明治元年（一八六八）閏《うるう》四月十五日、還俗《げんぞく》して、

大原の里から比叡山を望む。

の道に苦労しなくてはならなかった。平安時代の初めに強い権力を持っていた嵯峨天皇などは、自分の皇子に「源《みなもと》」とか「平《たいら》」とかいう姓を与えて臣下にし、高い位に就かせた。こうして臣下になったのが源氏であり、平氏であったのだが、やがて源氏や平氏は藤原氏との争いに負け、その子孫たちは東国に赴いて武士の棟梁《とうりょう》とならなければならなかった。

代々の天皇は后妃も多く、それ故、皇子も多い。その皇子たちは一様に衣食の糧に悩まなければならなくなったが、そこで考え出された名案が皇子たちを僧にすることであった。僧は公然の妻帯を禁止されていたので、その子孫以下の生活は保証されないが、少なくとも、一代めの皇子たちは僧になれば十分生活の糧を得ることが出来た。こうして作られたのが門跡《もんぜき》寺院である。

門跡寺院の始まりは、堀河天皇の皇子・最雲法親王《さいうんほっしんのう》が大治《だいじ》五年（一一三〇）に②梶《かじ》井《い》門跡の第十四世になったことに始まる。「梶井」とは梶井門流のことで、比叡山の一念三千院、或いは、円融房と称する寺を中心とする天台宗の一派である。ここには梨の樹があったので「梨本《なしのもと》」ともいわれ、また加持祈禱《かじきとう》に使う井戸、即ち加持井があったので「梶井」と呼ばれたという。この梶井門跡は、青蓮院《しょうれんいん》門跡・妙法院門跡とともに天台三門跡の一つとなり、代々法親王及び摂関家の子弟が入室し、しばしばこの梶井門跡から比叡山延暦寺の座主《ざす》が出た。

また鎌倉時代になって、③親王家というものが設けられた。それは亀山天皇の皇子の④恒明《つねあきら》親王の血を引く常盤井宮《ときわいのみや》に始まる。「親王家」というものは、前代の天皇が、次の天皇の位に就けるように強く幕府に求めた親王たちが位に就けない場合に創設されたものであるが、鎌倉幕府による皇室勢力を分断させるための政策でもあった。そ

守脩《もりおさ》親王と名を改め、同三年（一八七〇）十一月三十日「梨本宮」を称し、久邇宮朝彦《くにのみやあさひこ》親王の王子・守正《もりまさ》王を嗣子とする。陸軍元帥《げんすい》・軍事参議官・伊勢神宮祭主を務める。

守正王は、昭和二十二年（一九四七）十月、皇籍離脱、「梨本」を姓とした。

③親王家●一説に後鳥羽天皇の皇子・皇孫が親王宣下《せんげ》を蒙って六条宮を称したことに始まるという。これに後嵯峨、後深草の皇子・皇孫たちが続いた。

④恒明親王（一三〇三～一三五一）●第九十代天皇・亀山天皇は、恒明親王を寵愛《ちょうあい》し、九十一代の天皇の位に就かせるべく期待をかけた。それで、親王の兄である後宇多に遺詔して崩御。しかし実際に天皇位に就いたのは後宇多天皇である。恒明親王は皇位に就くことなく薨《こう》ずる。恒明親王家は、宣下して常盤井宮家を名告《なの》る。

⑤護良親王（一三〇八～一三三五）●『太平記』に依ると護良親王は後

の後も豊臣秀吉の奏請や新井白石《はくせき》の献言によって「親王家」即ち宮家が創られたが、長男ではない宮家の人の就職先も門跡を初めとする仏教の要職であった。

梶井門跡として就任した有名な僧を挙げれば、後白河天皇の皇子・承仁《じょうにん》法親王、後鳥羽天皇の皇子・尊快《そんかい》入道親王等がいる。後醍醐天皇の皇子である護良《もりよし》⑤親王も梶井門跡尊雲《そんうん》入道親王となる。護良親王が、還俗《げんぞく》して大塔宮《おおとうのみや》となり、討幕に活躍したのはよく知られている。

　ところが東坂本にあった梶井御所は貞永《じょうえい》元年（一二三二）に焼失し、その房は京都市内を、東小坂、西の京、東山白川、東山三条高畑《たかばたけ》、東山中山、東山岡崎、北山紫野⑥と転々とする。一方、大原においては様々な念仏の行者がいて、色々秩序を乱す行いが多く、最雲法親王の入寺とともに、それらを取り締まる機関として、政所《まんどころ》が大原に設置されていた。そして応仁の乱で紫野にあった梶井本房が焼けたので、本房がこの大原にあった政所に移った。

　しかし江戸時代、徳川綱吉の頃、後陽成天皇の皇子・慈胤《じいん》入道親王が天台座主に補せられるにあたって御車路広小路《おくるまみちひろこうじ》の地が寄進されたため、本房がその地に移った。その地は今、梶井町と呼ばれ、京都府立医大病院と医科大学の敷地内になっている。この梶井町の地が本房になったので、大原はまた元の政所に戻った。

　明治維新になると排仏棄釈の風潮の中で僧籍にあった皇族の還俗が行われ、時の御門主・昌仁《しょうにん》入道親王も梨本宮守脩《なしもとのみやもりおさ》親王となった。そして梶井町の梶井本房は廃され、仏像や宝物は一切大原の政所に移された。しかし明治四年、中絶した「梶井宮」の名跡を尊んで、この政所に寺名を冠するに当たって、梶井御所の持仏堂の名であった「三⑦千院」の名を付けた。

醍醐の第三皇子。

　一般に三千院入室は文保二年（一三一八）というが、村田正志氏に依れば、『資朝卿記《すけともきょうき》』の記述から、文保二年入寺の皇子（若宮）は、尊雲即ち護良親王ではなく、後伏見上皇の皇子・尊胤法親王という。門跡の系図では、尊胤は、尊雲の後、即ち三十二代門跡であるが、村田氏は尊雲の入寺は尊胤より後年という。

⑥北山紫野●おそらく淳和《じゅんな》天皇の離宮として創建された「雲林院」と重なる地と思われる。この地に関して『古今栄雅抄《こきんえいがしょう》』という本に「舟岡山の東からすきかはなの近所、うちいといふ所なり」の記述がある。応仁の乱の前、梶井門跡本坊、即ち「三千院」は「からすきがはな（犂が鼻）」にあった。

　雲林院は、皇子たちの悲哀を秘めた寺である。淳和天皇の皇子・恒貞《つねさだ》親王（母は皇后正子《しょうし》）、仁明天皇の皇子・常康《つねやす》親王、そして文徳天皇の皇子・惟喬親王、皆、この寺と関わる。

⑦「三千院」●まずその起こりは、

維新後、梶井宮ばかりではなく、仁和寺宮《にんなじのみや》入道純仁《じゅんにん》親王が小松宮嘉彰《こまつのみやよしあきら》親王さらに小松宮彰仁《あきひと》親王に、聖護院宮雄仁《しょうごいんのみやゆうにん》親王が聖護院宮嘉言《よしこと》親王に、知恩院宮尊秀《そんしゅう》親王が華頂宮博経《かちょうのみやひろつね》親王に、照高院宮信仁《しょうこういんのみやしんにん》親王が照高院宮智成《さとなり》親王に改称し、還俗した。そして、これらの還俗した宮の子孫の多くは天皇陛下が元帥閣下になったのに応じて、陸軍大将・海軍大将となったのである。

明治維新になって職業が変化した人は多いが、これほど職業が百八十度変わったのは宮家をおいて他にない。いったん仏道に入って最高の僧位に至った人たちが果たして、時代の要請とはいえ、簡単に仏教を捨て、軍人になることが出来たのであろうか。

三千院には、梶井門跡に伝わった素晴らしい仏像や仏具、書物が多く所蔵されているが、その主が東京へ去って軍人になったとすれば、それは捨てられた空しい宝物といってよかろう。大原三千院には還俗して宮に捨てられた人や物のひそかな哀しみと恨みがどこかに残っているような気がする。

延暦年中根本中堂創立の時、最澄が自刻の薬師如来を本尊として、東塔南谷に一宇を建立したことに始まる。その時、この寺の名は「三千院圓融《えんにゅう》房」と号した。またこの時「梨本房」の名が既にあったという。

貞観年中、承雲和尚、清和天皇の勅を奉じて、東塔より滋賀県坂本の梶井の里に移る。

この時、山の本房を「円融房」、梶井の里房を「円徳院」と呼んだという説（『洛北誌』）と、叡山東塔に「円融房」も「円徳院」もあり、前者を梨本門流、後者を梶井門流と称していたという説がある（『叡岳要記』）。

しかしまた梶井門流と梨本門流は一つの流れ（明快《めいかい》僧正の流という）とみる説もある。

三千院の名は、持仏堂の名としてあったという。梶井町に在った頃は、確かに持仏堂の名称であった。

また吉田東伍《よしだとうご》は異説を称える。円融院は、円融天皇の後院であった為、この名を冠したと。梨本も、大内裏の旧梨本院に因むと。

冬の三千院本堂。

三千院の遥かな歴史を支える石垣は、
比叡からの湿度を帯びて幾重にも苔むしている。

往生極楽院と三千院《おうじょうごくらくいんとさんぜんいん》

三千院[①]のことを考える時に、私は哲学者・西田幾多郎の「絶対矛盾の自己同一」という言葉を思い出す。これは西田が悪戦苦闘の思弁の果てに考え出した哲学概念であるが、現実というものは全く矛盾した二つのものが結び付いているという意味である。ここでこの言葉を思い出すのは、三千院の中にある小さい庵室《あんしつ》のような往生極楽院[②]と、石垣で囲まれた巨大な門構えとが、全く矛盾しているように思われるからである。隠者が住むならば、巨大な門構えは必要でなく、巨大な門構えのある寺ならば、小さな庵室は不似合いである。

大原三千院には二つのものが同居している。一つはもちろん往生極楽院である。『寺伝』に依れば、この往生極楽院即ちかつての極楽院は恵心僧都源信《えしんそうずげんしん》の妹の安養尼《あんように》が弥陀三尊に奉仕するために造った庵であったといわれる。しかし異説もある。吉田経房《つねふさ》の日記『吉記《きっき》』によってこの庵《いおり》は高松中納言実衡の妻である真如房尼《しんにょぼうに》の造った庵室であるということが明らかになったという。『寺伝』では、極楽院が建ったのは寛和元年（九八五）頃であるが、寂源が勝林院を建てたのは長和二年（一〇一三）、良《りょう》忍《にん》が来迎院及び浄蓮華院《じょうれんげいん》を建てたのは天仁二年（一一〇九）であるので、この極楽院が大原の有名な浄土念仏の寺の中では一番古い寺ということになる。そして勝林院や来迎院が火災に遭い、建造当時の建物が残っているのがこの極楽院のみであるので、

①三千院●「現在の三千院が、明治四年から三千院と公称した原因となった『三千院』の勅額が、鴨川河畔の梶井御殿の宸殿《しんでん》に架かっていたことは、それが円融房の本堂であったからであろう。即ち、三千院と命名するほどに、円融と言えば三千、三千と言えば円融を連想するほどに常識化され、常用化されていたからであろう」（水谷教章《きょうしょう》『三千院談義集』一「三千院の寺号について」昭和三十九年）

②往生極楽院●その昔、源信の妹とされる安養尼《あんように》が奉仕していたという頃の名は往生が付かず、「極楽院」。来迎思想の影響を受けて、いつの頃からか「往生」を冠するようになった。

江戸期の史料にも「極楽院」とある。

明治期の『洛北誌』では「三千

往生極楽院はかつての様子を今に遺《のこ》す、貴重な文化遺産であると言わねばならない。

　この極楽院が恵心僧都の妹である安養尼によって建てられたのも無理からぬものがある。安養尼と真如房尼の間には、約百六十年ほどの隔たりがあるが、この極楽院そのものは全く恵心僧都の思想によって造られているからである。恵心僧都が何よりも願ったのは極楽往生であるが、それには臨終の儀式が大切である。そして念仏者の臨終には必ず阿弥陀仏が迎えに来る。この極楽院の弥陀三尊像は恵心僧都の思想に基づいて死者を迎えに来たその瞬間の弥陀三尊を表わしたものである。中央の阿弥陀仏は身体もふわっと柔らかく、いかにも死者を包み込むような感じである。そして二体の脇侍《わきじ》は来迎仏の座り方をしている。死者を無事極楽浄土へ届けようとする緊張感に満ちた少女のような御顔をしている。観音の持つ蓮台《れんだい》が観音の身体の方に少し傾いているのは、死者を落とさないようにしっかり抱えている姿を示しているのであろうか。

　この御堂全体には美しく哀しい音楽が流れている。そして、この御堂の天井は舟型③になっている。恵心僧都はしばしば舟に乗って極楽浄土に行く弥陀三尊の絵を描いている。この堂全体が一つの舟となって極楽浄土に旅する様を表わしているのであろうか。

『吉記』に依《よ》れば、真如房尼がここに隠遁《いんとん》して来たのは、三十歳の時であった。おそらく彼女は夫から譲られた財産の殆ど総《すべ》てを費しこのような御堂を造り、日夜念仏に明け暮れていたのであろう。真如房尼の甥に源親房という人がいて、真如房尼から極楽院を譲られたので、その建物を検分するために、親房の義弟に当たる吉田経房がここを訪ねた。経房が訪ねたのは承安四年（一一七四）であるので、真如房尼はその時六

院」の本堂として「旧《も》と往生極楽院と号す　梶井門跡此に在りし時境内仏堂たりしが明治変革境外となり　明治二十九年特別保護建造物に指定せらるゝに及び更に境内に編入せられ以て本堂となせり」とある。

③舟型●この形は、阿弥陀を乗せた弘誓《ぐぜい》の船を観音・勢至が漕いで、海を渡ってゆく、あの時の様を表わしているのかも知れない。ただこの庵が本尊・阿弥陀像に対してあまりに狭いのと、煤《すす》の状態が尋常ではないので、もしかすると、ここは「不動堂」で、現在重文に指定されている秘仏の黄金の不動尊を祀《まつ》り、護摩《ごま》を始終、焚《た》いていた故ではないかという説もあるという（大島亮幸《りょうこう》師）。
　ここが常行三昧堂であったという説をとると、その狭さは、修行の空間にふさわしいのである。

④紫野●『山城名跡巡行志』第三（一七五四）に紫野雲林院について、以下の記述がある。
○雲林院　同所の南に在仁明帝

青苔と大樹で表わされた浄土の庭が、詩情ある仏世界を醸している。

十一歳であったが、その六年後の治承四年（一一八〇）に彼女はここで死んだ。ところが、このように大原が隠者の巣窟となり、天台宗の束縛を離れて自由に活動するものも多かったので、叡山は最雲《さいうん》法親王を天台座主《ざす》に任じ、大原にこの隠者たちを取り締まる政所《まんどころ》を置いた。時は保元元年（一一五六）、まだ真如房尼が極楽院に在住中であった。真如房尼はこの政所の設置をどういう思いで眺めていたのであろう。もちろん、世捨て人の彼女が格別抗議をしたとは考えられないが、その設置には好意を持っていなかったのではなかろうか。

　この政所が極楽院の近くに設置されたことで、極楽院の運命は左右される。やがて梶井門跡の政所の中に極楽院は取り入れられてしまうのである。

　この政所の本寺である梶井門跡の方は洛中を再三移転し、名も時々に変え、ついに応仁の乱の時、紫野④にあった本房が全焼、本房は大原の政所に移された。大原三千院のあの豪壮な門構えは、かつてここに本房のあった門跡寺院の名残りといってよい。しかし江戸時代になって梶井本房が今の府立医大病院のある梶井町に造られ、再びここは政所となったがまた明治維新後、本房がここに移って来た。皇族であった梶井門跡が還俗《げんぞく》し、宮家を創設、東京へ行ってしまわれたからである。寺侍《てらざむらい》などは仏像や宝⑤物などとともに大原に移されたまま残された。

　この三千院の本房即ち宸殿《しんでん》は昭和に入って造られたものであるが、そこに並べられた素晴らしい仏像や什器《じゅうき》は、拝観の人々の目を奪う。宸殿の襖絵《ふすまえ》は下村観山、客殿の襖絵は竹内栖鳳《せいほう》を初めとして今尾景年《けいねん》・菊池芳文《ほうぶん》・鈴木松年《しょうねん》・望月玉泉《ぎょくせん》という当時の日本画壇を代表する画家たちの手になる。誠に絢爛《けんらん》たる芸術の寺と言わねばならないが、門跡寺院と極楽院とは、やはり水と油のようなものであると言わねばならない。

の皇子常康親王の建立僧正遍照《へんじょう》の開基なり元と　淳和帝の離宮也天長九年勅して雲林と號元慶八年道場と爲康保年中　圓融院勅して院の傍に圓融寺を建此寺に屬　後醍醐帝院の故地を割妙超《みょうちょう》に賜大徳寺の子院と爲雲林院和歌に詠空也上人此寺に住(常康御子系圖出)當寺荒廢久今如近來の再興也

　円融院の勅命で建てられた円融寺が梶井の御房か？　因みに開基の遍照（遍昭）は声明の名人であった。

⑤宝物●現三千院の宝物の一つに、天神座像がある。寺では「火雷天神」と呼んでいる。延長元年(九二三)、死した道真に正二位を贈って「火雷天神」と号して以来、梶井宮境内に火除けの神として祀られて来た。おそらくこの像は、護良親王の守護神ともなった。

「年十四五許ニ候シ童ノ、名ヲバ老松《おいまつ》トイヘリ（略）年來御身ヲ放サレザリシ膚《はだ》ノ御守ヲ御覧ズルニ、其口少シ開キタリケル間、弥《いよいよ》怪シク思食《おぼしめし》テ、則開御覧ゼラレケレバ、北野天神ノ御神體ヲ金銅ニ

戦後、三千院はさびれていた。この三千院を見事に復活させ、大原を観光地として有名にしたのは、戦後最初の門主である水谷教章《きょうしょう》師の努力である。私は水谷師と親しく、一時三千院の信徒総代を務めたこともある。水谷師は『三千院談義集』という本を書いているが、この本を読むと、学者でもあり詩人でもあった水谷師がつくづく偲《しの》ばれるのである。

第五十三世門主梅谷孝成師から第六十世門主森定慈紹師にわたって、三千院に蔵せられる主として梶井門跡から移された文書が注目され、その目録を作る仕事が森定門主から第六十一世小堀光詮《こぼりこうせん》門主に引き継がれ、最終的に三千院管理部長の大島亮幸《りょうこう》師にその膨大な仕事は託された。大島師はこの仕事を忠実に果たし、詳細な『三千院円融蔵文書目録』という一冊の本を作った。ここに蔵される各時代にわたる多くの文書を繙《ひもと》くことによって解ける歴史の謎がたくさんあるのではないかと思われる。

私もいつか、ゆっくり三千院の書庫に入れてもらって、隠された歴史の謎を探る時を持ちたいと思っている。

テ鑄進セラレタル其御眷屬《ごけんぞく》、老松ノ明神ノ御神體、遍身ヨリ汗カイテ、御足ニ土ノ付タルゾ不思議ナル。」(『太平記』巻第五「宮の御感、北野天神の霊験」)

梶井町の御所内にも天神社は祀られていた。正式名は「梶井火除天満宮」。天神の木彫の小像は、御神体であった。

三千院・往生極楽院の阿弥陀三尊像は、極楽往生への迎えと旅立ちを表わす。脇侍の観音像が前屈みで支え持つ蓮台に死者が宿る。そのやさしさに満ちた菩薩の姿こそ救いの世界なのであろうか。

三千院・往生極楽院に祀られた三尊。阿弥陀如来（中央）と観音菩薩、勢至菩薩（手前）。

二十五……寂光院と地蔵信仰《じゃっこういんとじぞうしんこう》

私が①寂光院《じゃっこういん》を訪ねたのは一九九八年の秋、紅葉の美しい頃であった。大原はもともと隠者の住む「寂」という言葉がぴたりと当てはまる所であるが、取り分けこの寂光院はその名の如く、「寂」の「光」が紅葉に照り映えた風雅な趣を見事に作っていた。

この寺は、伝承によれば、聖徳太子が母・②間人《はしひと》皇后の菩提《ぼだい》を弔うために建てられた寺であり、本尊は聖徳太子自らお造りになったというが、この地蔵菩薩は今はなく、現在の本尊は寛喜元年（一二二九）に造られたものである。ところが、この地蔵菩薩の胎内には三千四百十七体の小地蔵が納められ、本尊の後の棚には三千二百十体の小地蔵が並んでいる。寺ではこの六千数百体の地蔵を六万体の地蔵という。地蔵は地獄・餓鬼・畜生・修羅・人間・天の六道にいる衆生の苦しみを救う仏なので、この多くの小地蔵を従えている地蔵菩薩は六道で苦しむ無数の衆生を救う仏であろう。

寂光院が太子建立の寺であるというこの説を多くの歴史家は疑うが、私は聖徳太子がお建てになったとしても不思議ではないと考える。なぜなら、大原には聖徳太子のお造りになったという寺院③が多く、またこの大原の里がかつて小野郷と呼ばれ、小野妹子《いもこ》の領地であったとすれば、秦川勝《はたのかわかつ》と並んで聖徳太子の寵臣であった小野妹子が大原の地に寺を建てても不思議はない。秦川勝が京の西北の地太秦《うずまさ》に広隆寺を建てたように、小野妹子が太子の意を汲んで、自分の領地の大原の里に寺を建てないというこ

①寂光院●その開基については諸説ある。良忍説（『扶桑京華志《ふそうけいかし》』巻之二・『京羽二重《きょうはぶたえ》』四巻等）、空海説（『都名所図会』巻三）が江戸時代の地誌類に記される。しかし「寺伝」では父・用明天皇の菩提を弔う為に推古二年（五九四）、聖徳太子が開基、初代住職は太子の乳人《めのと》の玉照姫（恵善尼《えぜんに》）という。
異説として角田文衞氏の、信西《しんぜい》の子・貞憲《さだのり》説がある。貞憲は阿波《あわの》内侍《ないし》の父ともいわれる人である。

②間人皇后（穴穂部間人皇女《あなほべのはしひとのひめみこ》／？～六二一）●欽明天皇の皇女。母は蘇我稲目の娘・小姉君《おあねのきみ》。
聖徳太子の異母弟に当たる田目皇子は、『古事記』では多米王とある。『上宮記』・『帝説』に、用明帝の死後、間人を娶《めと》り佐富《さほ》女王を生ませたとある。

との方がむしろおかしい。おそらく、現在池坊《いけのぼう》の寺である中京《なかぎょう》の六角堂の基となる寺が叡山の池坊の里坊としてこの大原の里にあったのではないか。聖徳太子と池坊の祖だる妹子の伝承を考えれば、許される想像ではないだろうか。

また、間人皇后の菩提を弔うというのも故あることである。間人皇后は用明天皇の死後、太子の異母弟で皇后の義理の子に当たる田目皇子《ためおうじ》との間に不倫の噂があった。こういう女性を母に持ったので却って聖徳太子は人間の業の深さを知り、仏教信仰の志を強くしたのではないかと私は考える。太子は地獄に落ちているであろう亡き母の苦を救うため、この大原の地に地蔵菩薩を本尊とする寺を建てたのではなかろうか。

しかしながら、この寺が有名になり、今もなお訪問者が絶えないのはここに建礼門院が隠遁《いんとん》していたからであろう。建礼門院徳子は平清盛の娘で、高倉天皇の皇后であり安徳天皇の生母である。壇ノ浦で安徳天皇は建礼門院の母、清盛の妻である二位尼《にいのあま》に抱かれて入水《じゆすい》したが、建礼門院は生き残って都に帰された。しばらくは現・京都市左京区吉田《よしだ》中《なか》阿達町《あだちちょう》辺りの④野河御所に居たが、文治元年（一一八五）五月出家して、ここに隠棲した。建礼門院が寂光院へ入ったのは建礼門院の侍女の阿波内侍《あわのないし》の世話であるという。角田文衞氏の説によれば、阿波内侍は信西《しんぜい》（藤原通憲《みちのり》）の孫で、寂光院と深い縁があり、兄弟（宗盛など）の処刑などによってひどく心を痛めていた建礼門院をこの人里離れた荒れ果てた寺にお誘いしたという。そして、翌文治二年の四月に後白河法皇はこの草深い大原の里に建礼門院を訪れたのである。

このことが『平家物語』のラストシーンを構成する「大原御幸」に書かれているが、建礼門院は法皇に自分が一生のうちに体験したという、六道輪廻《ろくどうりんね》の物語をされたという。それが⑤「灌頂《かんじょう》の巻」といわれ、平家琵琶の名人にしか語ることが出来ない巻であ

③（太子の）寺院●大原実光院の地蔵菩薩や、通称蛇寺の摂取院の阿弥陀如来が太子刻の伝承を持つ。
小野妹子の里、近江滋賀郡の小野の里の小野神社の観音もまた太子刻である。写真によるフィールド・メモ「語り部・小野氏を追う」3・4・5参照。

④野河御所●角田氏に依れば、文治元年（一一八五）四月二十八日、吉田村に在った、前権律師・実憲の里坊に渡御した女院は、同年五月、ここで出家したという。戒師は本成坊湛斅《たんこう》。
また『出来斎京土産』巻之五（一六七七）には、「吉田の辺にすてられ」という凄じい表現で寂光院入りが語られる。
但し女院の大原在住は、そんなに長い期間でなかったと角田氏は推察している。建久の初年（一一九〇）頃には、洛東の善勝寺という寺に遷御し、三十年ほど四条家の保護を受けて余生を過ごしたという（『平家後抄』下）。

⑤「灌頂の巻」●古本には存在せず。琵琶《びわ》法師《ほうし》のカタリの中で成長

自然石の石段と大樹との融和が美しい寂光院の参道。

大原の山里深く隠棲した建礼門院。谷あいの光陰に在るその寂光院の佇まいには、何故か四季にも、一隅にも、ある哀しさや寂静の澄んだ気配が感じられる（焼失前の本堂。平成十一年四月撮影）。

る。この六道輪廻の話こそ『平家物語』の思想そのものであり、最後には建礼門院も法然の専修念仏によって、この六道の世界を超えて浄土へ往生する。

　このように建礼門院の話は法然の浄土教の宣伝に利用されている感はあるが、「大原御幸」の話は九条道家の兄・慶政《けいせい》の書いた⑥『閑居友《かんきよのとも》』にも書かれているので、事実であることは間違いない。

　私は建礼門院がこの寂光院を選んだのは、一つには彼女が地蔵菩薩に魅せられたからではないかと思う。地蔵は正に六道にいる様々な人間の苦を救う仏である。特に地獄に落ちた亡者には地蔵菩薩しか頼れるものはない。彼女は地獄に落ちた無数の人間を見て来たはずである。清盛、二位尼、安徳天皇などの平家一門の人々が延々と燃えさかる地獄の火に焼かれている様を、都へ帰った彼女は毎夜夢に見たに違いない。彼女はこの苦を救うのは地蔵しかないと思ったのであろう。この六千余体の小さな地蔵に、死んでいった一人一人の平家の侍たちを救う仏の姿を見ていたのかも知れない。彼女の主立った侍女は、阿波内侍と大納言佐《だいなごんのすけ》である。信西の孫である阿波内侍は、信西が平治の乱で殺され、その息子たちは生き延びるためみな僧になったという非情な現実を見て来た。そして大納言佐は平重衡《しげひら》の妻であり、重衡は東大寺や興福寺を焼いた罪により平家の中でも取り分け憎まれて、無残に殺された人間である。建礼門院及び阿波内侍・大納言佐等はひたすら地蔵菩薩におすがりし、地獄に落ちた父や夫の苦を救い、自らは来世を頼むより仕方がない孤独な身の上であった。ここで建礼門院が詠んだ、

　思ひきやみ山の奥に住居して
　　雲井の月をよそに見むとは

した巻と思われる。具体的には、鎌倉時代中期に当道座《とうどうざ》（琵琶法師の団体）が結成され、まもなく一《いち》方《かた》派と八坂《やさか》派に分派。八坂派が古態を守る中、一方派の巨匠・覚一《かくいち》が登場して「覚一本」を応安四年（一三七一）に完成。この辺から建礼門院の後日譚が「灌頂の巻」として立てられ、盛んに語られるようになる。「灌頂の巻」は長く「平曲」の秘伝として扱われた。

⑥『閑居友』●承久四年（一二二二）成立。作者慶政は赤子の時、病を得て障害を持った為、出家。この中に建礼門院の閑居の様子が描かれる。

⑦御衣●本尊・地蔵菩薩の胎内に坐した小像のうちの一体は、張子の女人像の着物と同じ布でくるまれていた。即ち「薄緑の菊花の模様」の御衣（安徳天皇の形見の衣）。この布で巻かれた小さな地蔵（身《み》丈《たけ》四寸五分）は、丈六の地蔵の頂度、心臓の辺に安置されていたという（小松智光師談）。

　寂光院は、寺伝に従えば、ヒメの寺である。玉照姫に始まり、江

などの歌を当時（一九九九年五月）八十九歳の住職・小松智光《ちこう》師に実に若い声で朗詠して頂いた。

この寺には建礼門院が自分の所へ来た手紙と侍女たちの写経の紙を塗り籠めてその形を造り、上着に安徳天皇の御衣《ぎょい》⑦を、下着には女院自身が常々召していた麻の衣を着せた張子《はりこ》の女人像がある。この像が建礼門院自身の像⑧であることは、黒川道祐《どうゆう》の『北《ほく》肉魚山行記《にくぎょざんこうき》』（『近畿歴覧記』所収）に、詳しく書かれている。また本尊・地蔵菩薩の胎内に坐した小像のうちの一体が、安徳天皇の御衣で巻かれていたことからこの丈六の仏に脇侍の如く坐す張子の女人像は鎮魂の為に造られたものであると思われる。ちょうど浄土宗の本山、粟生光明寺《あおのこうみょうじ》の本尊の法然像が、法然の所に来た母の手紙を塗り籠めて造られたように。

建礼門院は自らの過去を手紙とともに葬ってしまおうと思ったに違いない。この美しい彼女の面影を留める尼僧姿の自分自身の像を、唯一の形見に遺して。

追記◆この一文を書いた後のことである。平成十二年（二〇〇〇）五月九日未明、寂光院の本堂は、付け火により全焼、本堂に坐した本尊の木造地蔵菩薩立像の他、建礼門院座像・張子の女人像等の寺宝が焼失した。

ただ本尊の胎内に納められていた桐箱はほぼ無傷で、その中に坐した多くの小さな地蔵たちは危うく難を免れた。

現在、本堂・黒焦げの本尊ともに、再造・再建計画が立てられ、復興が進められている。

戸時代は、代々近江国守山の代官職にあった西郷《にしごり》与左衛門家の女子が入寺したという。また賀茂の一族の女子が入った時期もあった（智光師より三代前の小松智善師は、賀茂氏の野村日向守清賢の娘）。

⑧像●この張子の女人像が建礼門院自身の像であることは、『北肉魚山行記』にも、『雍州府志』四にも描かれる。『北肉魚山行記』には、女院の像が阿波内侍の像と称されるようになった経緯を以下のように記す。「（或る時）盲人、『平家物語』の『大原御幸』を談ずるうちに、張子の像が時代を経て古色蒼《こしょくそう》然《ぜん》となっているのを聞いて、『それは女院ではない、きっと阿波内侍の年老いた像だ』などといい、『これでは女院がおかわいそうだ』と新しく木像を造って祀《まつ》った」

このことを『北肉魚山行記』の作者黒川道祐は、「女院《にょいん》の御本意《ごほんい》を違《たが》えけるこそ、いとあさましきとおぼゆ」と述べている。

建礼門院の御陵は、寂光院参道の右手、石敷の道の奥深くにある。

二十六……古知谷阿弥陀寺と弾誓上人《こちだにあみだじとたんぜいしょうにん》

大原の北の外れ、古知谷《こちだに》という所の人里離れた小高い山の上に光明山法國院阿弥陀寺（住職・林善信師）という浄土宗の寺がある。そこは弾誓《たんぜい》①という木喰《もくじき》②上人の居た所といい、その寺には弾誓のミイラを初め、様々な遺品③がある。その遺品の一つに「弾誓上人縁起」なる三幅の掛幅《かけふく》があるが、一七二頁の写真はその一場面、「仏頭伝授」④の場である。中央の阿弥陀仏の懐に抱かれているのがこの寺の開基の弾誓である。弾誓は黒々とした髪を長く垂らし、髭《ひげ》もぼうぼうと伸ばしている。彼は殆ど独学の山岳修行者で、髪を切り髭を剃っている暇がなかったという。痩せて黒い髪を伸ばした弾誓の風貌はどことなくイエス・キリストを思い起こさせる。

弾誓の縁起は、箱根の塔《とう》の峰《みね》に伝わる『弾誓上人絵詞伝《えことばでん》』と伊勢原《いせはら》市日向《ひなた》一ノ沢の浄発願寺《じょうほつがんじ》『浄発願寺縁起絵巻』が有名であるが、古知谷のこの三幅の掛幅の縁起は、殆ど知られていない。その絵詞や縁起はいづれもこの異形の行者の激烈な人生を語っているが、特にこの「仏頭伝授」の場面は奇怪である。弾誓は阿弥陀仏に抱かれながら、阿弥陀仏の首を観音から受け取っている。阿弥陀仏は弾誓よりは遥かに大きいが、観音が蓮台《れんだい》に乗せた阿弥陀の首はほぼ弾誓の顔と同じ大きさである。何か阿弥陀仏が自分の首と弾誓を愛しげに抱いているような感じである。一体、この弾誓という人はどういう人であろうか。

①弾誓（一五五〇／一五五一〜一六一三）●写真によるフィールド・メモ「大原、念仏の里」3・24〜28参照。

②木喰上人●「弾誓を含む木食遊行聖は、日本仏教史に一貫して存在した『ひじり』として、隠遁性、苦行性、遊行性、呪術性、集団性、世俗性、勧進性、唱導性をもってとらえることのできる庶民仏教の近世的発現だったわけである。その古代から中世にわたる系譜は、行基や空也や良忍、あるいは一遍などに見ることができるが、これと弾誓を直線でつなぐことはまだできないようである。したがって弾誓独特の弾誓教とよぶべき信仰と実践がどうしてできたかは、まだ謎に包まれている」（五来重「塔の峰本『弾誓上人絵詞伝』による弾誓の伝記と宗教」昭和五十九年

彼が生まれたのは天文二十年（一五五一）或いは天文十九年（一五五〇）ともいわれる（宮島潤子説／伊藤真徹《しんてつ》説は天文二十年）。生まれは尾張国（今の愛知県）の海部郡《あまべのこおり》である。母は青山一族の出身であり、宮中に仕えていた。詞書《ことばがき》では母は宮中から退出し故郷に帰った後、夢に弥陀の三尊が来臨し、六字の名号が書かれた短冊を賜わり、それを呑むという夢を見て懐妊し、弾誓を生んだことになっているが、絵は秘かに弾誓は天皇の御落胤《らくいん》だと暗示している。子供の時から仏教の信仰厚く、様々な奇瑞《きずい》を表わした。九歳にして発心し、母と別れて美濃国の山奥に柴の庵《いおり》を結び、一心不乱に称名念仏を修行した。その後、諸国行脚の旅に出たが、佐渡の檀特山《だんとくせん》で悟りを開いた。彼が山中で猛烈な修行をしていると、天魔や鬼人や女鬼がやって来て弾誓を悩ましたが、それぞれ薬師如来・観音菩薩・勢至菩薩が現われて弾誓に、

「これまた本師・弥陀の化現なり」

と告げた。最後に阿弥陀仏自身が白骨の姿となって現われて、自ら阿弥陀であることを名告《なの》り、仏体に変身した。また、伊勢・熊野・八幡・住吉・春日の五社の神がやって来て弾誓に「換骨の法」を施した。「換骨の法」とは人間の背筋を裂き、人間の血を出し、神水に換えるという恐しい手術であるが、弾誓が眠っている間に痛みも傷もなくこの手術は終わった。この「換骨の法」を施された後に彼が修行していた洞窟がたちまちに阿弥陀浄土と化し、阿弥陀仏を初め、大日如来・釈迦如来・最勝蓮華如来及び一切の諸菩薩がここに星の如く列なって虚空界《こくうかい》に充満したという。そして弾誓に「十方西清王法国光明満正弾誓阿弥陀仏」という名を授けた。

この話のすぐ後に、仏頭伝授の場面が出て来る。ここで弾誓は阿弥陀仏の首を貫い、阿弥陀仏と一体となったのである。この奇怪な場面こそ、阿弥陀仏が弾誓と一体にな

『箱根町誌』第三巻所収）

「木食上人」の謎を解くためには、「仏像を刻すこと」と「和歌を詠んだこと」が重要である。弾誓の大原における作仏と作歌は「縁起」に以下のように記される。

「又時々和歌を詠《えい》じて法門を掲示し給へる事あり。是則《これすなわ》ち我國《わがくに》の風俗に準じて衆生《しゆじよう》を引接《いんじよう》するの手段なるべし。又近きあたりの樵夫《きこり》或時《あるとき》巖窟に詣ければ持《もち》たる鎌にて彌陀の像を作りて與《あた》へ給ふ。是を鎌佛《かまぼとけ》といふ。在の民家往々にこれあり。當山にも或人《あるひと》の許《もと》より寄附したるあり。これ又質素の古風なり」

③遺品●遺品の中に金の団扇《うちわ》がある。この団扇の意味はよく解らないが「縁起」に、江の島の弁財天より授けられたものとある。

また諏訪湖で得た「両蛇の貝」あり。この貝（ホラ貝）には二蛇が入って湖底で苦しんでいた。これに弾誓、十念《じゆうねん》を授けて、天人となす。すると雲中より声ありて「我らは、この地に千年余沈んでいた。蛇道の苦を逃れた御礼に『安産の法』を伝えよう」と言う。弾誓の

った、その瞬間を表わしたものであろう。弾誓が観音から頂いた阿弥陀の仏頭は今もこの古知谷阿弥陀寺にあり、「証拠の御頭《みがしら》」、或いは「伝法の仏面」と呼ばれている。

弾誓が悟りを開いたのは慶長九年（一六〇四）であるが、その後弾誓は、或いは信濃、或いは相模、或いは遠江でも修行し布教したが、慶長十三年（一六〇八）京都へ入り、古知谷に籠《こ》もった。都でも貴賤《きせん》男女多くの信者を得たが慶長十八年（一六一三）、古知谷の洞窟に入定《にゅうじょう》して死んだ。

この弾誓の人生をどう考えたらよいのであろうか。弾誓はやはり戦国時代の荒々しい気風を受けた行者である。その修行の激しさ、戒の厳しさなど日本の仏教者として誠に異例である。彼は一面熱烈な念仏の信者であり、「縁起」によれば、念仏は浄土宗白旗流《しらはたりゅう》〈三祖良忠の直弟子寂慧の門流〉の江戸幡随院白道《ばんずいいんびゃくどう》和尚に教えられたという。夢を介して出会った二人は師資《しし》の契りを結んだと「縁起」は語る。しかし一方で彼は修験道の木喰行者であり、その点、真言密教及び神道の思想の伝統の下に立っている。弾誓は浄土教の側から、阿弥陀崇拝を空海の即身成仏の教えと一体化した行者といえるのであろうか。

それにしても、阿弥陀仏の首というものはどういう意味を持っているのであろうか。人間の首であれば、例えば原始人が首狩りをする時に、首は何か霊的なものであり、首を取ることによってその霊力を自分の方に引き寄せるという意味を持っている。日本でも取り分け憎まれた人間は決してその人間が再生しないように胴と首を切り離し、別々に葬るのが習わしであった。平将門《まさかど》の首塚を初め、首塚というものが全国に分布するが、それは首の持っている霊力が恐れられたからであろう。首にこういう霊力があるとすれば、仏の首は仏の霊力を所有しているものとして篤《あつ》く尊敬されるというこ

信仰には、「安産」がある。

④「仏頭伝授」●五来重は『石の宗教』で以下のように述べる。

「最近『仏頭伝授』といって、仏頭を重んじる修験道の一派があったことが分かってきた。これは木製の『仏頭』であるけれども現存する。それは京都大原の三千院から一キロ北にあたる古知谷の阿弥陀寺の仏頭で、この寺を開いた弾誓上人の遺品である。弾誓上人の修験道が一般の修験道と異なるところは、本山派とか当山派のような組織をもたず、大峯山とか出羽三山などに集団入峰《にゅうぶ》もしないで、孤独な窟籠《いわやごも》りの修行をする点である。また一般修験道が密教を理想として、大日如来と一体化する即《そく》身成仏《しんじょうぶつ》を目的とするのに対して、この一派は念仏を理想として、阿弥陀如来と一体化する即身成仏を目的とする。

この伝統は中世にもあって、専《せん》修《じゅ》念仏でありながら修験道を実践する一派のあることも分かってきて、意外にも親鸞の長子（義絶された善鸞）も嫡孫（親鸞の娘、覚信尼の長子唯善）もこれに属して

「弾誓上人縁起絵」部分。厳しい修行を想像させる長髪の上人像。
阿弥陀仏に抱かれ、観音から阿弥陀仏の仏頭を授かり霊力を得たという場面。

阿弥陀寺に伝わる「弾誓上人縁起絵」の第三幅。
上人の行者としての劇的な人生が描かれている。

あるとすれば、仏の首は仏の霊力を所有しているものとして篤《あつ》く尊敬されるということになる。例えば、あの芭蕉の句で有名な山形の立石寺《りっしゃくじ》に慈覚大師円仁《えんにん》⑤の首（木彫）があるが、あれも仏頭信仰の一つなのであろうか。この弾誓が阿弥陀に抱かれながら阿弥陀の仏頭を渡されたというのは、彼が阿弥陀と一体となったことを物語るのであり、この阿弥陀は彼にとって大日如来でもあり、釈迦如来でもあり、いわば世界の中心である神であり、仏であった。

また阿弥陀に弾誓が抱かれているというのは彼がこの阿弥陀に母の面影を見ているからであろうか。弾誓が主として修行したのは佐渡であり、信濃であり、殆ど東国であったが、晩年京都に来てこの大原の古知谷を住み家としたのはどういう訳であろうか。

彼は若き日、京都に来て五条の橋の上から紫雲が漂うのを見てこの地を聖地と考え、後にここに修行と布教の地を設けたというが、それはやはり宮廷に仕えていたという母恋し、或いは彼が父であると信じていた天皇恋し、即ち父恋し故だったのではなかろうか。

※阿弥陀寺の掛幅の「縁起」の詞書は、総て「昭和四年丁亥《ひのとい》十月廿五日洛北古知谷阿弥陀寺現住安蓮誓信阿宅亮識」の奥書のある『弾誓上人絵詞伝』上・下（伊藤真徹翻刻『浄土宗全書』十七）に依った。

いたとおもわれるのである。まさに日本仏教史の『隠された十字架』といったのはこのことで、一つの伏水のごとく潜み流れていた一露頭が、近世初頭の弾誓上人にあらわれたということができる」

⑤円仁の首●立石寺には、慈覚大師円仁の遺骨が埋葬されていると古くから伝えられて来た。或いはこの寺にある入定窟《にゅうじょうくつ》は、円仁が即身成仏した所ともいう。入定窟の調査は、昭和二十四年（一九四九）に行われ、数体と思われる人骨が出ている。大師の遺骨が分骨された場所の一つというのが、今日の一致した意見である。

この円仁の首について日蓮は以下の言葉を残している。

「慈覚大師の御はか（墓）はいづれのところに有りと申事きこえず候、世間に云ふ、御頸《くび》は出羽国立石寺に有り云云、いかにも此の事は頭と身とは別のところにあるか」（『日蓮聖人遺文集』弘安三年一月二十七日、日蓮より太田入道に当てた書状）

二十七……鞍馬寺と毘沙門天《くらまでらとびしゃもんてん》

鞍馬の毘沙門《びしゃもん》様は伏見のお稲荷様や、清水《きよみず》の観音様や北野の天神様とともに平安時代から都の人の尊崇の最も厚かった神仏であり、中世の説話などにはこの毘沙門様の功徳がしきりに語られている。

この鞍馬の毘沙門天について少し謎がある。それは元の本尊はどのような形の毘沙門天であったかということである。現在の鞍馬寺本堂の本尊はもちろん毘沙門天であり、その両脇に千手観音と魔王尊①とが並んでいる。本尊はいずれも秘仏で、その姿は明らかではないけれど、御前立《おまえだち》から本尊を推察すると、本尊は鞍馬様《くらまよう》といわれる、右手を腰に当てて左手に戟《げき》を持った姿の毘沙門天であろう。

しかしこの毘沙門天が元の本尊であったかについては学者の間に異論がある。なぜなら鞍馬寺にはいずれも本尊になっても差し支えないような三体の堂々たる威容を誇る毘沙門天があるからである。

毘沙門天は元々、バラモン教ではクベーラといって北方を守護する神であるとともに財宝を授ける神であった。この北方を守護する毘沙門天は、東方を守護する持国天《じこくてん》、南方を守護する増長天《ぞうちょうてん》、西方を守護する広目天《こうもくてん》とともに四天王とされ、仏教護持の神として厚く崇拝された。特に仏教が国家鎮護の役割を強く持つようになると、四天王は元来仕えていたはずの如来や菩薩に比して決して劣らない崇拝を受けるようになっ

①魔王尊●十六歳の少年の御姿で、永遠の生命を持つという。金星より降臨し、「地下空洞の世界主都《(ママ)》(シャンバラ)」を統治するという。この姿、牛若に似ないか。

「○魔王尊の御姿

魔王尊(サナート・クマラ)は『シークレット・ドクトリン』の大著に示されてある通り、六百五十万年もの太古に金星から降臨した当時そのままの、十六才の若さを以って地球の主神として活動しながら、変幻大自在を得たまいて、種々様々な姿態を現わしたまう。

現在鞍馬山に奉安してある尊像は、狩野法眼《かのうほうげん》が奥の院に於て燃えるが如き大祈願を込めた末、暁に杉の大樹から垂れ下った女郎蜘蛛の引く糸の指示に従って画いたものであって、人界に示されたただひとつの魔王尊の御姿である。現在、本殿の奥深く奉安されてある

京の北方、鞍馬山の樹々に包まれ点在する鞍馬寺の伽藍。

た。聖徳太子が建てたという、かの四天王寺もそういう四天王崇拝の寺である。

ところがこの四方を守護する神である四天王のうち、特に毘沙門天だけが選ばれて本尊として祀《まつ》られるようになった。それは唐の玄宗の時代、兜跋《とばつ》毘沙門天というものが造られたことに始まるという。兜跋というのは今のチベットのことらしいが、異国風の長い上着を着た毘沙門天である。おそらく「夷《い》を以て夷を制す」という諺《ことわざ》にならったものであろう。この唐王朝から見てどこかエキゾチックな感じのする毘沙門天が異民族の征服に霊験のある神と考えられたのであろう。この兜跋毘沙門天は地から上半身を現わしている女神と左右の尼藍婆《にらんば》と毘藍婆《びらんば》という二つの鬼を踏み付けている。これはおそらく異民族とその神を征服するという意味を持っているのであろう。鞍馬寺にはこのような兜跋毘沙門天の堂々たる像（平安後期）がある。この兜跋毘沙門天は東寺にもあるが、東寺の兜跋毘沙門天は元々羅城門にあったのが移されたものである。

ところがそれとは別に、鞍馬寺には他のどこにもない毘沙門天がある。それは右手に三叉《みつまた》の戟《げき》を持ち、左手を額の上にかざしてどこかを望み見ている像（平安後期）である。その御顔は如来や菩薩のように端正な慈悲に満ちた御顔でもなく、また明王《みょうおう》や他の毘沙門像のような怒りの顔でもない。複雑な表情をしていて何か只者《ただもの》ではないといった感じである。その他に今の本尊以外にも鞍馬様といわれる毘沙門天が霊宝殿には三体もある。いづれも鎌倉時代の作とされる力強い像である。この三体の毘沙門天はどのように関係しているのか。

この鞍馬寺に伝わる寺伝②『鞍馬蓋寺縁起《あんばがいじえんぎ》』によれば鞍馬寺とその本尊毘沙門天は、鑑真《がんじん》の弟子の鑑禎《がんてい》③によって造られたとあるが、それは庵《いおり》程度のものであり、そこに寺らしい寺を造ったのは藤原伊勢人《いせんど》④であるといってよいであろう。藤原伊勢人は藤原南

が、六十一年目（丙寅年《ひのえとら》）に限り開扉《かいひ》するのが、鞍馬山の規則となっている」

（信楽香雲《しがらきこううん》『鞍馬山歳時記』）

ここに語られるように鞍馬寺の本堂に坐す、秘仏・魔王尊は、図像である。

②『鞍馬蓋寺縁起』●前半は鞍馬寺創立縁起。鬼や蛇を退治して、寺は建てられる。

後半は、奇瑞《きずい》列伝。あの芥川龍之介の『芋粥』の藤原利仁《としひと》や近江の盗人大太郎《ダイタロウ》（→ダイダラボッチ）という者が登場する。

③鑑禎（生没年不詳）●鑑真和上《がんじんわじょう》（六八八〜七六三）が唐より伴った八人の弟子の一人。思託律師《したくりつし》ともいう。唐の沂州《きしゅう》の人。延暦年間（七八二〜八〇六）に寂したと伝えられる。鞍馬山登山は宝亀元年（七七〇）、師の没後七年め。

④藤原伊勢人（生没年不詳）●『帝王編年記』巻十二に「延暦十五年、大納言藤原伊勢人（淡海公曽孫《たんかいこうそうそん》。巨勢麿《こせまろ》四男）を造寺長官と為す。東西両寺を建立、以て東西両京鎮

鞍馬寺の開創は、毘沙門天の降臨に始まるという。手をかざし何かを望見する様の毘沙門天像。

家の出身であり、平安京造営に当たって造寺長官を務めている。伊勢人はここに観音を本尊とする、一族の繁栄を祈る寺を造りたかったのであろうが、それは許可されず止むなく国家鎮護の毘沙門天を祀る寺を造ったのである。

　美術史家の中野玄三《げんぞう》氏は、鞍馬寺の最初の本尊は兜跋毘沙門天ではないかと言う。これは唐の文化をもろに移入しようとした桓武天皇から嵯峨天皇までの時代思潮にもよく適合するし、今は東寺にある兜跋毘沙門天が羅城門にあったとすれば、このような東寺を初めとした都の造営に関わった藤原伊勢人がこの鞍馬寺の本尊に兜跋毘沙門天を据えたのはごく自然なことであったと思われる。そして桓武天皇の時代は⑤坂上《さかのうえの》田村麻呂《たむらまろ》によって空前絶後の蝦夷《えぞ》征伐が行われた時代である。異族を征服する武将を思わせる兜跋毘沙門天が鞍馬寺の最初の本尊であったと考える中野説を私もなるほどと思う。そして腰に手を当て戟を持った毘沙門天の出現は時代が下がるらしい。中野氏によれば、それは浄土教の崇拝が盛んになって来た頃に出現したという。確かに絵巻では大原の良忍《りようにん》が夢に見た毘沙門天はこのような鞍馬様の毘沙門天の姿をしていることが多い。これは北方を護るものというより、念仏者を護持する姿であろう。この鞍馬寺の本尊が兜跋毘沙門天から鞍馬様の毘沙門天に変わったのは、仏教が国家鎮護の仏教から浄土往生を願う仏教に変わったことを示すものであろう。

　とすれば、あの左手を額に当てた毘沙門天は何か。私はこの毘沙門天を見ると源義《よし》経《つね》のことを連想する。義経は義朝《よしとも》の子であるが平治の乱で父を殺され、鞍馬寺に預けられた。僧になるのが義経の唯一の生き長らえる道であったろうが、成長するにつれ義経は平家を滅さんとし、僧正が谷で天狗に剣術を習ったという。義経はこの鞍馬の毘沙門様のように、毎日都の方を眺めながら時が来るのを待っていたのであろう。私

護と為す」とある。そして、伊勢人が貴船明神の神託によって鞍馬寺を造ったことが語られ、以下同年建立の清水寺の縁起「坂上田村麻呂伝」となる。
　因みに東寺の正式名は「八幡山金光明四天王教王護国寺」。

⑤坂上田村麻呂（七五八～八一一）
●鞍馬寺の寺宝（重文）に「坂上田村麻呂の剣」というのがある。坂上田村麻呂が武運を祈って奉納したのだという。また鐙《あぶみ》も寺宝として伝えられる。
　鞍馬の祭、「火祭」・「竹伐り会《たけきりえ》式《しき》」を司る元鞍馬の僧兵《そうへい》であった、大惣法師仲間《おおぞうほうしなかま》である杉本覚一《すぎもとかくいち》氏の祖先は坂上田村麻呂という。その証拠に、杉本家には田村麻呂が嵯峨天皇より賜わった鎧二領《にりよう》が伝わる（現在、京都国立博物館委託）。鎧には以下の文書が付いている。
「○田村麿鎧の由来
　嵯峨天皇の御宇、弘仁元年、将軍田村麿、命に依り宇治山崎に加勢奉り、しばしば功あり。既に鎮撫の後、賞のため、鎧三領を賜るなり。
　近世に至つて将軍徳川吉宗公、

はこの左手を眉間にかざした毘沙門天の詰屈《きっくつ》たる表情に、義経の深層心理が表われているような気がして仕方がない。この毘沙門天は都を護っている姿ではなく、都の政情を観望し時を待ち、事を企てんとする姿である。

時代が下ると鞍馬寺の毘沙門天も、多く右手に戟を持ち左手に宝塔を捧げた最も一般的な毘沙門天の姿で描かれる。これは鞍馬寺の毘沙門天が都の北方や念仏者を守護するというより、七福神の一人として、あまねく福徳⑥を授ける神に変わったからであろう。これは元々インドのクベーラ神の持っている福神の性格が再興されたものであるといえる。

今も鞍馬寺が多くの信者を集めているのも、主として毘沙門天がこのような性格の神であることによろう。してみると賢い神は時代時代にその姿を変えて人々の願望を満足させるものであると言わねばならない。

御所望に依り、その中の一領を献ず。今、すなはち二領伝ふる所蔵のその一《ひとつ》なり」

⑥福徳●七福神の御一人となった毘沙門さんは、ムカデを使者とする。なぜ、ムカデ? ムカデは「百足」と書くので「おあし（お金）」が多い↓「お金が入って来る」という縁起を担がれ、大切に扱われたという。今でも鞍馬ではムカデを殺さない。毘沙門さんは民間信仰の中で福徳の〝神〟として成長していった。

「良忍上人之図」に描かれた
雲に乗る毘沙門天像。

女神と二つの鬼を踏みつける
異国風の衣装を着けた毘沙門天像。

鞍馬様（くらまよう）といわれる、
腰に手をあてた毘沙門天像。

二十八……鞍馬寺と観音・阿弥陀信仰《くらまでらとかんのん・あみだしんこう》

①鞍馬寺は②毘沙門《びしゃもん》天の聖地として、貴賤《きせん》の崇拝を集めたが、鞍馬寺に祀《まつ》られているのは毘沙門天のみではない。現在の鞍馬寺の本堂の中尊は毘沙門天であるが、その向かって右には千手観音が、左には魔王尊が祀られている。魔王尊については次に論じることにして、ここでは千手観音について考えてみよう。

鞍馬寺は戒律を日本に伝えた盲目の中国僧・鑑真《がんじん》の弟子の鑑禎《がんてい》が開いたという。鑑禎は鞍馬山に白馬の幻を見たので訪ねたところ、鬼が現われ身が危なかったが、毘沙門天の化身によって救われた。それで鑑禎は毘沙門天の像を本尊とする寺を建てたという。この鑑禎のことは『鞍馬蓋寺縁起《あんばがいじえんぎ》』以外に現われず、よく解らない。寺を建てたとしても庵《いおり》程度のもので、それをかなりの規模の寺にしたのは、造寺長官を務めた藤原伊勢人《いせんど》である。東寺を造った伊勢人は自家の繁栄を祈願する寺を造りたいと思ったが、清水寺を造った坂上《さかのうえの》田村麻呂《たむらまろ》や神護寺を造った和気清麻呂《わけのきよまろ》ほどの政治的力を持たない伊勢人が、禁ぜられている私寺を造るには大義名分が必要であった。その大義名分が都の北方を護る毘沙門天を祀る寺を建てることであった。自らが乗るところの白馬に導かれて鞍馬山に至った伊勢人はそこに毘沙門天を見出してがっかりしていると、一人の童子（『今昔物語』ではこの童子は毘沙門天の子である善膩師《ぜんにし》童子という）が現われて、

①鞍馬寺●一説に、天武天皇が壬《じん》申《しん》の乱の折、この山に逃れて立て籠もり、その乗りし馬の鞍を置いたことに依って、その〝山〟を鞍馬山といったという。この話は、天武の八瀬（矢背）での伝承と繋《つな》がっていて興味深い。

②毘沙門天●観音と阿弥陀と毘沙門天は仲がいい。こんな話がある。「伊勢の権守為家《ごんのかみためいえ》という人、裕福になりたくて鞍馬寺の毘沙門天に参詣し、年月を重ねる。そんな或る日、洛中京極の誓願寺《せいがんじ》の前を通りかかった折、雨に遭う。本堂の外陣で雨宿りをしていると、毘沙門天が現われて、『我は鞍馬山の毘沙門天である。ここ（誓願寺）の道場を守護するため、鞍馬より分身となりて、山を降り、外陣に住している。今よりは、この堂に参りて一心に祈念すべし』と言う。

「仏教の経典にも、般若経と法華経があるように、観音と毘沙門天は呼び名が違うだけで、もともと一つのものである」

と言ったので、三間四面の精舎を建造し、千手観音の像を造って、前にあった毘沙門天とともに祀ったという。

千手観音は大きな腕を二本、小さな腕を四十本持っている。この四十本の腕には一つ一つ手と目があり、その目によって衆生の苦しみを見て、その手によって衆生の願いを聞き届けてくれる。伊勢人は表向きは国家鎮護の毘沙門天の寺、実は一家繁栄を願う千手観音の寺を造った訳である。伊勢人の死後、彼の子の豊前守《ぶぜんのかみ》友永、そして友永の死後、彼の孫の大蔵丞《おおくらのじょう》峰直が寺を管理していた。ところが、峰直は東寺の高僧の峯延《ぶえん》に寺の経営を任せた。この峯延は真言の行者であり、勤行《ごんぎょう》をしていた時に、舌の長さが三尺もあるという大蛇が出て来て襲われたが、峯延は毘沙門天の大呪《だいじゅ》をもって大蛇を調伏《ちょうぶく》したという。その時の大蛇退治の様子が、今もなお「③竹伐《き》り会式《えしき》」という祭の形で鞍馬寺に残っている。このように峯延は強い呪力を持った真言の行者であったが、晩年はもっぱら浄土教の信者となった。この峯延を皮切りにして、浄土念仏の仏教がこの鞍馬山で栄えた。そして、浄土念仏の流行に決定的な影響を与えた空也《くうや》もこの山で修行をし、融通念仏《ゆうづうねんぶつ》の祖師・良忍《りょうにん》はこの山で毘沙門天の夢告を得て、信仰を固めた。

鞍馬と念仏の結び付きは、或いは観音の取り持つ縁といえるかも知れない。なぜなら観音は人間の願いを叶《かな》える仏でもあるが、また一方で阿弥陀如来の脇侍《わきじ》であり、勢至とともに念仏行者を極楽浄土の阿弥陀の許に届けるという役を果たすからである。

かくして鞍馬は古代の末期に、浄土念仏の根拠地と化す。鞍馬を阿弥陀念仏の地と

このことがあって為家は大いに誓願寺の毘沙門天を信仰し、富を得た。その富をもって誓願寺の再建を果たす」(『洛陽誓願寺縁起』「人王八十三代土御門の御宇」寛延四年/一七五一)

誓願寺の御本尊は観音と地蔵が刻したと伝承される阿弥陀。

この『縁起』の中で毘沙門天は、「本尊即ち阿弥陀を信心せよ」と言っている。それに応《こた》えて為家は、「われ、この如く富栄えること、偏《ひと》えに、これ当寺の御本尊並びに多《た》聞天《もんてん》(毘沙門天)の御利益なり」と言う(『縁起』巻二段八)。

毘沙門天と阿弥陀が庶民信仰の中で結ばれてゆく。

③「竹伐り会式」●「六月廿日の竹伐といふは當所の俗人本堂と西の觀音堂に集りて一丈ばかりなる青竹を双方に立ておき本堂は近江方觀音堂は丹波方となづけ一山の院衆法筵《ほうえん》を催し互に相圖《あいず》の聲を合せかの竹を三段にきりて堂を下り一の曲切石《まがりきりいし》のもとへ足に任せて走りゆく早きを勝とするなり此來由は往昔南都招提寺《しょうだいじ》の鑑眞僧正此山に分け入られしに雌雄の大蛇あ

したのは④重怡《じゅうい》上人であった。重怡は叡山で顕教と密教を学んだが、のち鞍馬寺に移って丈六の阿弥陀仏を祀る堂内に住んで、大治二年（一一二七）から十三年間、もっぱら弥陀の名号を称えた。そして、名号の数とりに小豆を使ったが、その小豆が二百八十七石六斗に及んだという。この重怡が念仏を称えた丈六の阿弥陀仏のおわします堂が現在の「転法輪堂《てんぽうりんどう》」である。

このように古代末期は、阿弥陀信仰が盛んであったが、また一方で弥勒《みろく》信仰もそれに劣らず盛んであった。今は神も仏もない末法の世であり、五十六億七千万年の未来に出現する弥勒仏の世を待たねばならないという時代思潮があった。その弥勒出現の世に備えて、地下に経筒《きょうづつ》を埋める風習が盛んになった。鞍馬山はこのような弥勒信仰の聖地ともなり、多くの塚が造られ経筒が埋められた。その幾つかが発掘されその総《すべ》てが国宝となっている。その中に重怡の名が刻された経筒がある。この経筒は清原信俊という人が保安元年（一一二〇）に奉納したもので、法華経八巻、観普賢経、弥勒上生経《じょうしょうきょう》、弥勒下生経《げしょうきょう》、弥勒成仏経等が納められていた。

この功徳によって弥勒の世が実現された時に亡くなった両親とともにこの経を聞いて法界の衆生を平等に利益せんことを、という銘文が書かれていた。五十六億七千万年の未来に弥勒の世が来たら両親とともにこの世に生き返りたいというのである。この時経筒埋蔵に関わった四人の僧が記されているが、その筆頭に重怡の名が見える。してみると、重怡は熱烈な阿弥陀浄土の願生者であるとともに、弥勒浄土の願生者であったのである。五十六億七千万年後まで極楽で生活して、弥勒の世が来たらまたこの世に帰って来ようというのであろう。いささか虫の良すぎる願いであるが、闇としか思われないこの無仏の時代に生きた人間として、或いはもっともな願いであったか

つてちまたに蟠《わだかま》る僧正しばらく持念ありければ一ツの蛇忽ちに滅びけり今一ツに向ひてけふよりして人を悩す事なく又当山の用水ながく絶す事なかれとて放ちやられけりそれより本堂の北にある閼伽水《あかみず》滔々《とうとう》として涌き出で今にたゆる事なししかれば竹をかの蛇になぞらへ是をきりて魔を拂ふなり扨《さて》又夜に入つて里の俗を壹人本堂の中に座せしめ院衆法力を以て祈殺し又祈活す事ありかの俗人にはかねて毘沙門天此事を告げ給へり役を止むべき時にも告げ給ふ奇妙不思議の事ども多かりき秘してかたらず」（『都名所図会』巻六）

「竹伐り会式」は蛇供養。会式（六月二十日）の前日、「蛇捨ての日」といって里人が本堂前に聳《そび》え立つ龍《りゅう》が嶽《たけ》で、殺された雄蛇の供養をするのはその証。そして本殿東側には雌蛇を神として祀る閼伽井護《あかいご》法善《ほうぜん》神社がある。鞍馬寺は、昔むかしより地主神として水神・蛇を崇め祀ってきた。

鞍馬寺には、修験の道場としての跡が多く残されている。江戸時代、盛んに行われた「畚下《ふごおろ》し」も、修験の「飛鉢《ひばち》の法」の変形という。

も知れない。そして、経典を書き写す行事が現在「鞍馬山如法写経会《くらまやまにょほうしゃきょうえ》」として残っている。

鞍馬寺にはこのように毘沙門天の厳しさとともに、観音或いは阿弥陀の優しさがある。鞍馬山に白馬の幻を見るのも鋭い美意識が感ぜられる。

私は霊宝殿の様々な毘沙門天を眺めていたが、ふと振り向いてみると世にも清楚な女性が立っている、そう私に思わせたのが左頁の観音像である。嘉禄《かろく》二年（一二二六）二月に肥後別当定慶がこの仏像を制作したことが記されている。定慶がどういう仏師か知らないが、私はこれほど生身の美しい女性を感じさせる仏像を見たことがない。髪は何匹もの蛇がのたうっているように複雑に入り組んでいて、衣服の襞《ひだ》もまた無秩序と思えるほど乱れている。どこか深い悩みを秘めている様子であるが、しかし御顔には凜然《りんぜん》たる気品がある。この美人の観音もやはり鞍馬寺の住人なのであろうか。

「もう一つは鞍馬の『畚下し』で、江戸時代には正月の鞍馬詣でには人々は七曲《ななまが》り坂で畚《もっこ》に銭を入れると、それが引上げられて、代りに火打石が畚に入って下りて来たという。この方式で山伏は山上で食物を得たものとおもわれ、これも現実的な飛鉢法である。（中略）これが山伏の食を得る方法であることは忘れられた。今日でも京都では地蔵盆の福引に、景品を会所《かいしょ》の二階から地上に下すのに、畚下しを用いている」

（五来重『修験道入門』）

火打ち石というのは、鞍馬山で採取されるチャートという岩石。実際にその昔は、この石で火をおこしたという。

④重怡上人（一〇七四〜一一四〇）

●なぜか鞍馬寺の縁起にこの人は登場しない。しかしその伝は『本《ほん》朝新修往生伝《ちょうしんしゅうおうじょうでん》』、『元亨釈書《げんこうしゃくしょ》』十一、『本朝高僧伝《ほんちょうこうそうでん》』六十八等に載る。

豊かな自然が護られた鞍馬寺の聖域に、森の女神のような一躰の美しい観音像が祀られている。さわやかな気品、流れるような身相。その印象に洗練された美を想う。

二十九……鞍馬寺と魔王尊《くらまでらとまおうそん》

鞍馬寺は昭和二十四年（一九四九）、天台宗から独立して、鞍馬《くらま》弘教《こうきょう》の総本山となった。初代管長には今の管長の信楽香仁《しがらきこうにん》師の父・信楽香雲《こううん》師が就任した。香雲師は与謝《よさ》野晶子《のあきこ》門下の歌人でもあり、与謝野鉄幹《てっかん》・晶子夫妻はたびたび鞍馬を訪問し、

何となく　君に待たるる　心地して
出でし花野の　夕月夜かな　　晶子

遮那王《しゃなおう》が　背比《せくら》べ石を　山に見て
わが心なほ　明日をまつかな　　寛《ひろし》

という歌を歌碑に残している。

この鞍馬弘教は「尊天《そんてん》」を本尊としている。尊天というのは鞍馬山の本殿に祀《まつ》られる毘沙門天《びしゃもんてん》、千手観音と護法魔王尊が合体したものであるというが、どちらかといえば護法魔王尊の性格が強い。鞍馬弘教では、尊天を一木一草にも慈悲を注ぐ宇宙生命そのものと考えている。鞍馬弘教の教えは生きとし生けるものとの共生という現代の思想を先取りしたものといえるが、それは鞍馬の地に誠にふさわしい。

なぜなら鞍馬は生物学者の岡田節人《ときんど》氏が言うように他の所ではあまりいないムカシトンボなどの珍しい生物がいて、生命の宝庫というべき地であるからである。先日、私が鞍馬山の奥の院を訪ねた時にも、長年京都にいても滅多に聞いたことのないアオ

①魔王尊●本殿に祀《まつ》られる魔王尊は〝秘仏〟。御前立は、老翁の御姿。鼻がやや高い。昭和に入っての作。この姿は『天狗の内裏《だいり》』の天狗の首領の大天狗に似ている。他の天狗たちがみな烏天狗の様相をしているのに対し大天狗だけは、僧衣に兜巾《ときん》の山伏姿。

②『鞍馬天狗』（能本）●ここでは鞍馬の天狗は以下のように描写される。

後ジテ『抑もこれは。鞍馬の奥僧正が谷に。年經て住める。大天狗なり
地『まづ御供の天狗は。たれたれぞ筑紫には
シテ『彦山《ひこさん》の。豊前坊《ぶぜんぼう》
地『四州には
シテ『白峯《はくふう》の。相摸坊《さがみぼう》。大山の伯《ほう》耆坊《きぼう》

バトの、まるで尺八のような、「オー・アオー・アオー」という、誠に奇妙な鳴き声を聞いた。そしてまた森のあちこちから、キツツキのドラミングの合奏が聞こえて来た。
①魔王尊というのはもともと天狗《てんぐ》の総帥であるが、鞍馬独得の天狗であり、羽が生えているが人間の姿である。この鞍馬山の奥には魔王殿という、魔王尊の本拠地がある。この地の近くに僧正が谷があり、そこでかの源義経《よしつね》は魔王尊即ち鞍馬天狗に剣術を学んだ。この義経の話が謡曲の『鞍馬天狗』②になり、そこからヒントを得て大佛《おさらぎ》次郎は幕末の時代を舞台として、何処からともなく現われては悪を退治し何処へともなく去っていく、「鞍馬天狗もの」を書いた。これは映画となり嵐寛寿郎《あらしかんじゆうろう》の名演技で今もなお多くの人の心に残っている。しかし、鞍馬天狗として現われる魔王尊は勇ましいが、中世の御伽草子《おとぎぞうし》で語られる天狗は何とも怪しい。
特に『天狗の内裏《だいり》』と『貴船《きふね》の物語』。『天狗の内裏』は、判官殿《ほうがんどの》（牛若丸）の地下帝国訪問譚《たん》である。七歳の頃より鞍馬寺に入った牛若丸は学問に励むが、もとより毘沙門天の生まれ変わり、経典も文学書も十歳までに殆ど読み尽くした。そして十三歳の時に「天狗の内裏」という所が鞍馬山にあることを知り、毘沙門天の助けを借りて訪ねて行く。そこで牛若丸は天狗の首領・大天狗とその御台所《みだいどころ》の「きぬひき姫」に会い、大天狗に案内されて、まず地獄を見せられる。

次に浄土へ案内される。そこには大日如来と化した父・義朝《よしとも》がいて、父子は涙の対面を果たす。その父が言う。

「平家を退治せよ。そのために父が十三回忌の孝養に、五条の橋③にて千人斬りをせよ。九百九十九人斬った後、現われるのが武蔵坊弁慶であり、それを家来にせよ」

父の言葉は段々と牛若丸の未来の予言となる。母・常盤御前《ときわごぜん》の命を奪った熊坂長《くまさかちょう》

地『飯綱《いづな》の三郎富士太郎。大峯の前鬼が一黨葛城高間《いっとうかづらぎたかま》。よそまでもあるまじ。邊土《へんど》に於ては
シテ『比良《ひら》
地『横川《よかわ》
シテ『如意《にょい》が嶽《たけ》
地『我慢高雄の峯に住んで。人の爲には愛宕山《あたごやま》。霞とたなびき雲となつて
シテ『月は鞍馬の僧正が
地『谷に充ち滿ち峯を動かし。嵐木枯瀧の音。天狗倒しはおびたたしや
また幸若舞《こうわかまい》の『未来記』も同様の内容である。大天狗は「愛宕の山の大天狗太郎坊」を名告《なの》る。
③五条の橋●『義経記』（作者不詳。室町初期から中期にかけての成立）では五条の橋は登場しない。弁慶と牛若丸の出会いは、五条《ごじょう》の天神《てんしん》。千人斬りならぬ、千本の太刀を奪おうとするのは、弁慶の方。五条の天神での出会いは六月十七日。その翌日、観音の縁日に当たる六月十八日、二人は、清水寺で再会。そして戦い、弁慶は負け、「これも前世の事にてこそ候らん」

自然と神と仏と人間と。「鞍馬山」は、実感と働きを感得させる場なのでもあろう。
本殿金堂には、千手観音、毘沙門天、魔王尊が、月・太陽・大地を表わし
三身一体尊として祀られている。

鞍馬寺の本殿金堂に祀られている御前立・魔王尊。行者様の姿体の背には羽根がある。

範《はん》を岐阜の垂井宿《たるいのしゅく》で殺すこと、駿河の番場宿《ばんばのしゅく》で毒を飲まされ病になるが三河の浄瑠《じょうる》璃《り》姫《ひめ》に助けられること、鬼《き》まん国という鬼の島では八面大王の一人娘の「あさひ天女」と契ること、そして最後に奥州高館《たかだち》で死ぬことまで、大日如来となった父は義経の行《ゆく》末《すえ》を語る。

これは中世の物語らしく奇怪で残酷な話である。義朝が大日如来になっているのもおかしいが、大日如来がまだ復讐の煩悩を持っていて我が子に人を殺せというのは変である。しかも、平家ばかりか何の罪もない千人の人間を五条橋で斬れ、というのは誠に大日如来らしからぬ残酷な言葉であると言わねばならない。鞍馬の山奥にはこのような天狗の大王国が存在したと、中世の人たちには信じられていたのであろう。

『貴船の物語』は『天狗の内裏』のような「未来記」ではなく、恋愛譚である。昔、寛平《かんぺい》法皇（宇多上皇）の御代に、「本三位《ほんざんみ》の中将さたひら」という大臣がいた。この人は法皇に大変かわいがられていて、或る時法皇は中将を召して「見めよき女房」をもらうようとの宣旨《せんじ》を賜《たまわ》る。しかし三年間で、五百六十人の女人と会うが、妻となる人は決まらない。ところが、ある春の花見の宴の席で中将は扇④に描かれた女人の姿を見て一目惚れし、「この人を妻に」と思うが、その絵の女人が何者か解らない。そこで、扇に女人を描いた絵師を訪ねると、その「見めよき女房」は鞍馬山にある鬼国の大王の二人娘のうちの妹であるという。その名は「こんつ姫」、年は十三歳であった。だが、中将は「たとえ鬼の娘であっても、この女人をおいて他に私の妻になるものはいない」と思い、「どうぞ、姫に会わせたまえ」と、まず清水寺へ、次に太秦《うずまさ》寺へ、そして八幡宮・伊勢大神宮など様々な神社仏閣を巡るが、時三年を経て大和の長谷《はせ》の観音へ詣《まい》ると「鞍馬の毘沙門天を訪ねよ」という託宣を得る。そしてついに鞍馬の毘沙門

と、牛若丸の家来となる。これが牛若丸の方の千人斬りの話になると、橋上の出来事となる。能本『橋弁慶』、御伽草子『自剃《じぞり》弁慶』、そしてこの『天狗の内裏』では未来の話としてであるが、牛若丸の橋上での千人斬りが描かれる。

能本『橋弁慶』では、

シテ「五條の天神へ參らうずるにてあるぞ。その分心得候へ。

トモ「畏《かしこま》つて候。又申すべき事の候。昨日五條の橋を通り候處に。十二三ばかりなる幼き者。小太刀にて斬つて廻り候は。さながら蝶鳥の如くなる由申し候。まづまづ今夜の御物詣《おんものもうで》は。思し召し御止まりあれかしと存じ候

シテ「言語道斷の事を申す者かな。たとへば天魔鬼神なりとも。大勢には叶ふまじ。おつとりこめて討たざらん。

とある。弁慶は五条の天神へ丑《うし》の刻詣《こくまいり》をしている。その時、渡るのが五条の橋である。

④扇●扇面に描かれた女人に恋する話は「絵姿女房」という形で全

天の導きで、こんつ姫に会い契りを結ぶ。しかし、相手は鬼の娘であり、その父鬼は身長《みのたけ》十六丈、顔は八面、角は十六、眉は剣の如しという異形であった。もちろんこの二人の恋を許すはずがない。父鬼は怒って中将を食おうとするが、姫が中将を助けて京へと逃がし、その身代わりとなって父鬼に食べられてしまう。しかし二世《にせ》を契った二人であるから、姫は生まれ変わり、中将と姫は永遠に結ばれたという。後に姫は貴船明神、中将は客人《まろうど》の神となる。

この話も実に凄い話である。実の娘の肉を食うというのは義経が血祭に千人の人を殺すという話と同じように残酷極まりない話である。私はこの『貴船の物語』の絵をどうしてもみたいと思ったが、果たせていない。鞍馬寺の「縁起絵巻」⑤にこの絵は出ていないのだろうか。

中世の物語はどうしてこんなに残酷なのであろう。今はおそらく鞍馬に坐《いま》す魔王尊の力によってこのような天狗の心も穏やかになっているのであろうが、人間が非道を重ねていると、またいつかこのような天狗が鬼神となって現われる日があるのかも知れない。恐しいことである。

国に分布、御伽話としてカタリ伝えられて来た。その多くは「天子潜幸譚《せんこうたん》」で、「天皇の妻求め」のカタリである。天皇は絵に描かれた理想の女人を求めて旅に出る。身分を明かさぬ為、草刈り童子の姿に身をやつす。柳田國男はこのカタリを「御曹司（牛若丸）の流離譚」と重ねている。

⑤「縁起絵巻」●『鞍馬蓋寺縁起』は、元は絵を伴なう「縁起絵巻」であった。詞は青蓮院尊応。絵は魔王尊を描いた狩野元信（一四七六～一五五九）。元信三十八歳の時の作とされる。元信の弟・之信《ゆきのぶ》は一名、雅楽助《うたのすけ》。この絵巻は細川高国（一四八四～一五三一）の寄進に依る。

鞍馬寺の『縁起』の詞書は漢文・仮名縁起ともに伝わるが、絵は今は失われている。但し、絵解きに用いられたと思われる掛幅形式の絵のみの縁起は、国会図書館に蔵される。江戸期のもの。

鞍馬山の「木の根道」。
本殿金堂から奥の院へは約八百六十メートルの自然林の山道で、
途中には木の根が地表を這う道があり、聖域感が漂う。

奇岩の上に建てられた鞍馬山奥の院「魔王殿」。

三十……貴船神社《きふねじんじゃ》と「社人舌氏秘書《しゃじんぜつしひしょ》」

能本『鉄輪《かなわ》』に貴船《きふね》の社が出て来る。

①下京に住むさる女が、夫が自分を捨てて後妻を迎えたのを恨んで、貴船の社に丑《うし》の刻詣《こくまいり》をしていると、

「鐵輪の三つの足に。松明《たいまつ》をとぼし頭に戴き。顔には丹《に》を塗り。身には赤き衣を着。怒る心をめされよ」

という神のお告げがあった。女が意外な神のお告げにびっくりしていると、たちまち今まで美女であった女の姿は神のお告げのような鬼の姿になった。一方、その夫は夢見が悪いので、陰陽師《おんみょうじ》の安倍晴明に相談すると、これは女の恨みで今夜にも命が危ないという。そこで、夫は晴明に鬼神となった妻の怨霊《おんりょう》の調伏《ちょうぶく》を頼む。しかし、予想通りこの男の寝ている所に鬼はやって来て、

「恨《うら》めしや御身《おんみ》と契《ちぎ》りしその時《とき》は。玉椿《たまつばき》の八千代《やちよ》。二葉《ふたば》の松《まつ》の末《すえ》かけて。変《かわ》らじとこそ思《おも》ひしに。などしも捨《す》ては果《は》て給《たも》ふらん。あら。恨《うら》めしや。捨《す》てられて」

と、詰め寄って笞《むち》を振り上げ髪を手に絡ませ、夫を打って殺そうとする。ところが、夫の身体には安倍晴明の呪力によって三十番神②が付いていて、魑魅魍魎《ちみもうりょう》は出て行け出て行け、と言う。さすがの鬼も力なく、また時節を待とうと弱々と消えていく。この能本は男に捨てられた女の恨みを誠によく描いている。女は裏切った男は憎いけれ

①下京●「下京の女」というのは、中世のものがたりにはよく出て来る。下京区繁昌町《はんじょうちょう》にある「斑女塚《はんにょづか》」のヒロインも「下京わたり」の女性である。その「斑女」の音が「ハンニョ→ハンジョ→ハンジョウ」と転訛して、繁昌即ち繁盛という嘉語《かご》となっている。繁昌町は富み栄える地なのである。塚を守るようにある繁昌神社は、商売繁盛の社である。御伽草子の世界では、多くこの「下京わたり」が舞台となる。そして「下京わたり」は古くは『源氏物語』の夕顔も住む所でもあった。

因みに、下京区高倉通五条北には、「夕顔社」があった。夕顔が住まいの跡という。

②三十番神●法華守護《ほっけしゅご》の神として、国土を一か月交替で守護する三十体の神々の総称。天台宗に始

ども、恋しくてしようがない。こういう女の心を今でも我が心と思う人も多いに違いない。

「鉄輪」というのは今はあまり目にしないが、火鉢の中に入れてヤカンなどを置く五《ご》徳《とく》といわれた鉄の台のことである。その鉄輪を逆さにして頭に乗せ、その三本の足に松明を立て、顔に朱を塗り赤い着物を着た女に夜中に出会ったら、どんなに恐かろう。

この貴船の神を題材にした能本は、前章で語った『貴船の物語』③とともに、全く恐しい話である。一体、貴船の神というのはいかなる神であろうか。

貴船の神が鞍馬の山を支配していたことは明らかである。なぜなら『鞍馬蓋寺縁起《あんばがいじえんぎ》』などによれば、藤原伊勢人《いせんど》はこの鞍馬山で最初に貴船の神に出会い、鞍馬寺を建てる許しを得たからである。ちょうど高野山金剛峯寺を建てた空海が高野山を支配していた山の神・狩場明神④に金剛峯寺を建てる許可を得たように、伊勢人は貴船の神から鞍馬寺を建てる許可を得るのである。貴船神社は賀茂川の上流にあるが、ここから西の山、東の山一帯が鞍馬山なのである。魔王尊を祀《まつ》る魔王殿も僧正が谷も鞍馬寺の本殿から行くよりは、この貴船神社から行った方が遥かに近い。そこはちょうど鞍馬の山から川を下って都に出る、津即ち港に当たるといってよい。

この貴船の神は賀茂川を遡《さかのぼ》って、ここにやって来たという伝承がある。貴船というのも神が乗って来た「黄色い船」⑤、或いは「木の船」の名を取ったものであるという。昔、中国では皇帝は黄色い服を着ていたので、黄は貴い人を表わす色であったのであろうか。今は貴船と書くが、それもそういう連想であろう。

この神の乗って来た船というのが、今の貴船神社の奥宮にある船形石の中に閉じ籠《こ》められているという。この貴船に船でやって来た神は玉依姫《たまよりひめ》⑥であるともいわれるが、

まり日蓮宗で信仰された。

③『貴船の物語』●この恋物語の最後に、節分の起源と「五節句《ごせっく》」の起源がカタられる。中将と生まれ変わった姫が再び結ばれたことに怒った父鬼は、今度は姫だけでなく中将も喰ってやろうと、八人の手下の鬼をまずは二人の許《もと》へ——これを知った鞍馬の毘沙門天、寛《かん》平《ぺい》法皇（宇多天皇）を動かして、勅命によって、この鬼たちを退散させようとする。法皇は占いをする。その結果——あの節分の煎《い》り豆で鬼を打つ、という神事がこの貴船の社で始まったという。

さらに節分の日、門口に、鰯《いわし》を刺しておくという風習も生まれた。さらに鬼の大王を封ずるために「五節句」を行うことにした。五節句とは、正月七日、三月三日、五月五日、七月七日、九月九日の節日である。

④狩場明神●空海を高野山に案内するこの神の姿は狩人。白と黒の二匹の犬を連れている。一名、高野明神。丹生川上明神《にゅうかわかみみょうじん》とは両社明神として祀られる。すると山の神

貴船神社の奥宮に「船形石」と呼ばれる不思議な存在感のある石積みが祀られている。
神武天皇の母・玉依姫命が賀茂川を山中へと遡り、この地に至ったという「黄船」が
包み込まれていると伝えられる。

玉依姫は神武天皇の皇母であり、また下上《げじょう》賀茂神社の創建とも関係がある。貴船神社の御祭神は高龗神《たかおかみのかみ》を筆頭に、闇龗神《くらおかみのかみ》や罔象女神《みずはのめがみ》、そして先程の玉依姫であるが、やはり主神は水の神であろう。それは交通を司る神であるとともに、農耕に最も必要な水を司る神として尊崇されたのであろう。

私は先日、貴船神社を訪れ、宮司の高井和大《かずひろ》氏から色々話をお伺いしたが、高井宮司から「こんな書物があります」と言われ、一冊の書物を見せて頂いた。表紙にわざわざ「不許他見《たにみせるをゆるさず》」と書かれた「黄船社秘書《きぶねしゃひしょ》」（「黄船社人舌氏秘書《きふねしゃじんぜつしひしょ》」）という書物で、舌左《ぜつさ》衛門守主《えもんもりぬし》という人が書いたものである。それはかつてこの貴船神社の宮司でもあり、その後、社人・社家となった舌家の由来記である。

昔むかし、天上からこの地に貴船の神々が天降《あも》った時、仏国童子《ぶつこくどうじ》という者が神々とともに降《ふ》られたが、天上のことは一切しゃべってはならぬという掟を破って、おしゃべりの童子は天上のことをしゃべった。それで、貴船大明神は大変お怒りになり童子の舌を八つに裂いたので、童子は吉野山に逃げてそこで五鬼などを従えていた。やがて童子は許されて貴船山に帰ったが、⑦鏡岩という最初に神々が降臨した岩に隠れていた。それで大明神は不憫《ふびん》に思って、三年目に召し返し、貴船大明神に仕えさせた。

或る時、大明神が怒って仏国童子を鉄の弓で射たが、二張《ふたはり》まで弓が折れてしまった。それで大明神は鉄の鎖七筋で縛ったが、童子は平気でその鉄鎖の縄を引きちぎってしまった。この童子は百三十歳の時に雷が落ちて、雷と一緒に天に上がってしまったという。この仏国童子は今、牛一《うしいち》（丑市）明神として本殿の後に祀られている。その仏国童子の子・僧国童子も強い霊力を持ち、神々の仲間に入れられた。この僧国童子の孫が安国童子で、三代四代までは牛鬼《ぎゅうき》の姿をしていたが、五代目より人間の姿にな

即ち水の神即ち鉱山（水銀）の神。

⑤「黄色い船」●「黄は其色土にぞくして、地なり。此日の本の御地主なることを、示《しめ》したまふなり」（「黄船社人舌氏秘書《きふねしゃじんぜつしひしょ》」）

⑥玉依姫●「黄船社人舌氏秘書」の中に記される「気生根大明神奥ノ社ノ考」には、「反正《はんぜい》天皇の御代、黄なる船に乗る神あり。その神はまず、浪花の津に寄り、『我は、天皇の母なる玉依姫なり。風雨を司り、国をうるおし、土を養い、また諸人の数々の願いを聞き届けるために示現するものである。我が船が留まる処に祠《ほこら》を造るべし』と言い終えると、姫神は再び船に従って、尼崎に寄り、海に入り、そして河に至り、宇治川を遡り、鴨川に移り、ついに奥岸に着き、船を止めた。姫神と御伴の神々は岸より上り、その地に鎮座することとなった。彼の地の人々はこの黄なる船に乗って海と河を渡って来た姫神の祠を造り、斎《いつ》き奉った。この祠を『黄船の宮』と云う。その後、船は龍神と化して、天上に昇った」

り子孫代々繁盛して大明神に仕え奉ったという。先祖の苦難を忘れぬために名字を「舌」と名告り、家の紋には「菱《ひし》」の中に「八」の字を設けたものを使ったという。菱形は口を表わし、八は八つ裂きになった舌を表わしたものである。

私は去る平成十一年五月二十六日、この仏国童子即ち牛一明神の子孫・舌勇治《ゆうじ》さんを訪ね、勇治さんと一緒に鏡岩に登った。神々が降臨し仏国童子が隠れていた岩がどんなものか強い興味を覚えたからである。この鏡岩は貴船神社のすぐ上にあるが、山は険しくそこには道らしい道がない。その道なき道を今年八十五歳になるという勇治さんが足取りも軽く、木を伐《き》り草を刈り道を作りながら、ひょいひょいと登って行く。やはり仏国童子の血であろうか。私は何度となく休みを要求し、喘《あえ》ぎあえぎやっと鏡岩に辿り着いた。

この鏡岩は一つの石灰岩にもう一つの巨大な岩が乗っかった形である。そして二つの岩の間に人が屈《かが》める程の空間がある。ここに仏国童子は三年の間屈んで隠れていたという。それで一説に「かがむ」から鏡岩の名が出たという。

私はこの雨を避けることの出来る岩と岩の間の空間に座って勇治さんと一緒に神々のことを語り合っていると、二十世紀の終りに住んでいるはずの私が、長いタイムトンネルを抜けて、神々の一員になったような気になったのである。

とある。

玉依姫の「諸人の願いを聞き届けるために示現する」というカタリが興味深い。同書に「願」という名の女性が出て来る。舌氏の娘で巫女となった人で、その霊力もの凄く何事もかなえたという。

「大明神宗次《むねつぐ》カ娘（貴船社人《きぶねしゃじん》舌氏宗次ガ娘三十一歳）ニノリウツリ玉イシユヱ其頃《そのころ》ハ所ノ願望又ハ他所ヨリノ諸願彼ノ娘ニ取次モラヒ大明神ヱ祈レハ諸願早速成就致セシユヱ娘ガ名ヲ願女ト申セシ也其頃ハ貴布禰社人ヲ他所カラハ皆願人々々ト申セシ事有ル也」

かつて結《むすび》の社には巫女がいて託宣をした。社の向かいの山は通称「おとろし山」（ピラミッド型）。

⑦鏡岩●「秘書」には以下のように描写される。「貴布禰御山の中に平《ひら》と申す所あり。其所に大磐石《ばんじやく》有此上に降臨たまふなり。其磐石耀《かがやく》こと照る鏡のことし。此故に平の磐石を鏡岩と名つけ、鏡岩によりて御山を御鏡山《みきようやま》と申せり。此御神のつれくたりたまふ神を、佛国童子と申せり。後丑市（牛一とも）明神といわひ申て舌氏の祖神也」

京を育んできた賀茂(鴨)川。その源流の一つ「貴船川」の上流に
貴船神社がある。本社の境内にも澄んだ水源が祀られている。

写真によるフィールド・メモ

西川照子（写真撮影も）

※各文末の［　］内の数字は本文の章番号に対応。また数字のないものは複数の章と関連する。

○八瀬《やせ》の里のものがたり

1「鬼ヶ洞」の由緒は、洞窟の正面に立てられていた。森田一郎氏の仕事。［一］［二］

2「八瀬」をかつて「矢背」と書いたということを現在に伝える小学校の徽章《きしょう》。この字に、昔々の天武天皇の伝承と竈風呂《かまぶろ》の起源が宿っている。［一］［二］［四］

3矢負坂《やおいざか》地蔵尊は源平の合戦の死者の鎮魂のために造立された。八瀬天満宮の鳥居の傍にある。その少し先には「弁慶の背競石《せくらべいし》」もある。［三］〜［六］［八］

4高殿《こうどの》・芳賀芳朗《はがよしろう》邸の床の間。中央に天神さん、向かって右、お伊勢さん（天照大神）、左、山王《さんのう》さん（日吉の神）。この部屋は女人禁制。［二］［三］

5十月十日。赦免地踊《しゃめんちおどり》（燈籠祭）の朝。化粧《けわい》される秋元神社。神紋は木瓜紋《もっこ》。町内の家々にはご神燈（提灯）が飾られる。［三］

6赦免地踊の朝の神事の仕度のために出掛ける高殿。神へのご奉仕の御道具は神の好みたもう依代《よりしろ》・カゴに入れられ、背に負われて運ばれる。この装いは他の神事も同じ。神事は毎日ある。［三］〜［五］

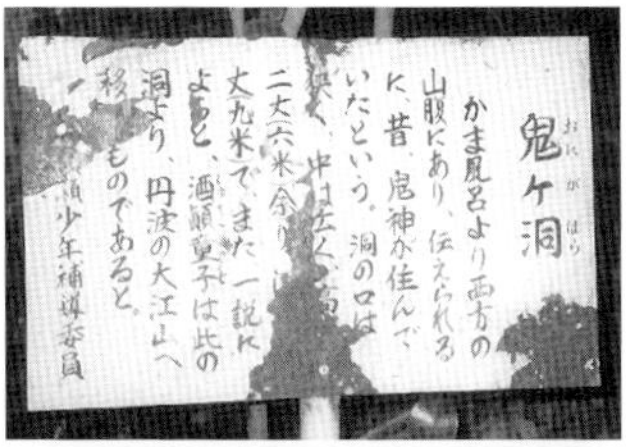

1

2

3

4

5

6

7

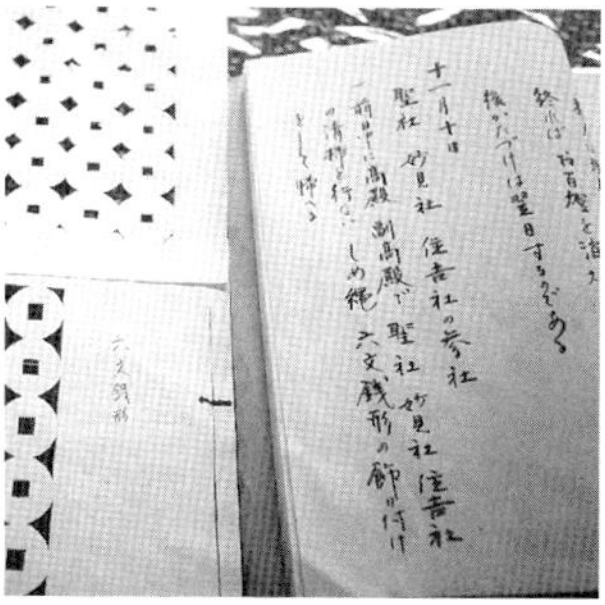

8

7高殿を務め上げた老衆《ろうしゅう》の頭巾には天神さんの梅が枝紋、白の浄衣《じょうえ》の下の着物は梅鉢の小紋柄。[三]〜[五]

8六文銭の御幣《ごへい》。六文銭の切り紙細工の意味は解らない。しかしこの美しいザゼチ（装飾化された御幣）は山伏・修験の技（五来重）。切り子燈籠と同様の〝手〟である。

9

9

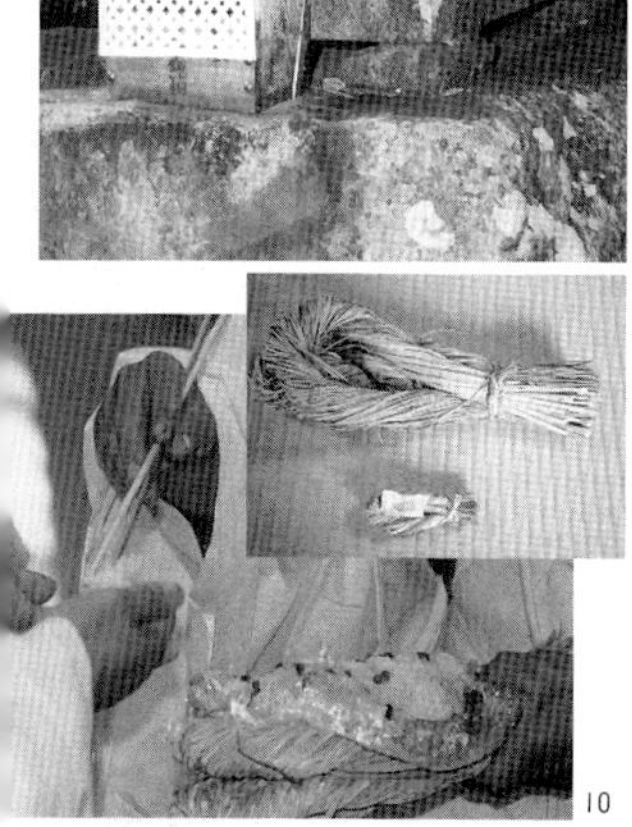

10

9(二点)十一月十日、朝の神事。聖社《ひじりしゃ》・住吉社・妙見社と天満宮が六文銭の御幣で化粧される。住吉社は現在、個人の邸内にある。

　聖社は『八瀬大原の栞《しおり》』（谷北兼三郎《たにきたかねさぶろう》）には以下のように記される。「昔、一人の聖がいた。八瀬の里に住していたが、いつの間にか匿《かく》れて行方《ゆきがた》知れず。それで社に祀った。しかし時々、老人・童子・婦人の姿に変化《へんげ》して八瀬の里に現われた。小野小町はこの聖社へとなぜか足しげく通い、変化した聖と問答したという。謡曲『通小町《かよいこまち》』はこの間の事情を伝える」。

　聖社から始まった「六文銭」の装飾は、最後、天満宮へ。天満宮の総ての神々が最も尊い御幣・「六文銭」で化粧される。

神使《しんし》の牛も賽銭箱に六文銭を頂戴する。

10神への供物《くもつ》は「きょう」と呼ばれる藁《わら》苞様《づとよう》のものに載せられる。

11赦免地踊の「もう一方の主役」、花笠踊の少女たち。午後七時の赦免地踊本番に向けて午前中、燈籠作りの最終の工程の場となる八瀬小学校は、昼過ぎからは花笠踊の女の子たちのハレ着の着付けの場。[三]

12祭の余興のために「小原女《おはらめ》」に変身。着物は「切りくずし」、帯は「御所染《ごしょぞめ》」。ともにパッチワーク。御所参内の衣裳故、最も位の高い出立《いでた》ち。[三][七]

11

12

13手拭《てぬぐい》を被るのは、正装のシルシ。和歌も刺繍《ぬい》の豪華なもの（玉置鈴子氏所有）。〔三二〕〔七〕

14菅公の腰掛け石。道真は法性房尊意《ほっしょうぼうそんい》に会うため、ここ、天満宮の参道より叡山に登った。〔四〕

15「べべしてたもれ」。一本のシイの木に伝承が眠る。もう古老しか覚えていない。〔五〕

13

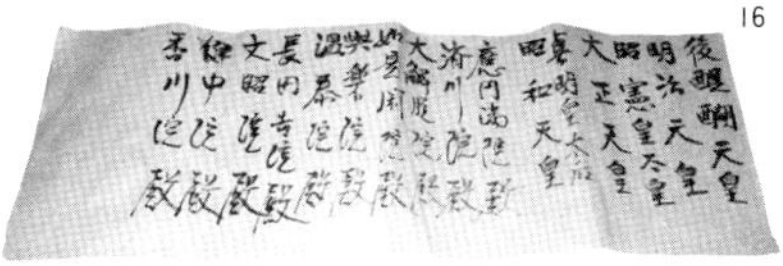

16

15

14

16（二点）九月十六日。後醍醐天皇の御命日とされるこの日、「御所谷」（元山王社跡）では朝の神事。夕方には仏事が妙傳寺で行われる。寺に集まる念仏講の人々は、後醍醐天皇とともに秋元喬知《たかとも》、徳川家宣《いえのぶ》の供養もする。脇侍《わきじ》の如く坐《いま》す阿弥陀如来立像は、保司《ほし》家が材木を青龍寺に提供したお礼に頂いたもの。〔五〕〔六〕

17法然もまた道真と同じ道を通《かよ》った。叡山・皇円の住房跡に建つ法然堂の法然御影《みえい》は、最晩年のものと伝えられる。〔八〕

17

○語り部・小野氏を追う

1樹下《じゅげ》神社。現在は道風神社の摂社。かつては小野の地主神《じしゅしん》。「じゅげさん」にまずはごあいさつして小野の総ての祭礼は始まる。［九］

2十一月二日。朝一番の仕事は、注連縄《しめなわ》を張る青竹伐り。昼、辻々で、里の人々が祭を見守る。そして神さまから粢《しとぎ》を分けて頂く。食べずに厄除《やくよ》けとして、一年吊す家も多い。

直会《なおらい》（平成十年は、一老《いちろう》・村田吉一《よしかず》邸で行われた）の膳の上にも粢が各自一本当て並ぶ。これは大切な一本。必ず「みやげ」として持ち帰る。［九］

1

2

おかんのんさんと聖徳太子伝承

3平成十一年四月十日。小野の里のお隣、大津市真野《まの》、普門山《ふもんさん》光明寺。本尊十一面観音菩薩の三十三年めご開帳。真野のおかんのんさんは、小野のおかんのんさんとごきょうだいの関係。［九］

4秘仏・十一面観音。伝聖徳太子刻。［九］

5「縁起」文には、真野の観音は聖徳太子が厄除けのために刻《こく》し、長らく横川《よかわ》に御《ご》安座《あんざ》、信長の叡山焼き討ちの時、火中より飛び出し、この里へ来て難を逃れたとある。

ご開扉《かいひ》の法要が終わると、小学生男子による「観音縁起」朗読。

3

小野の「おかんのんさん」の縁起は、真野の「おかんのんさん」の縁起とほぼ同内容。「奇瑞《きずい》」がカタられる。

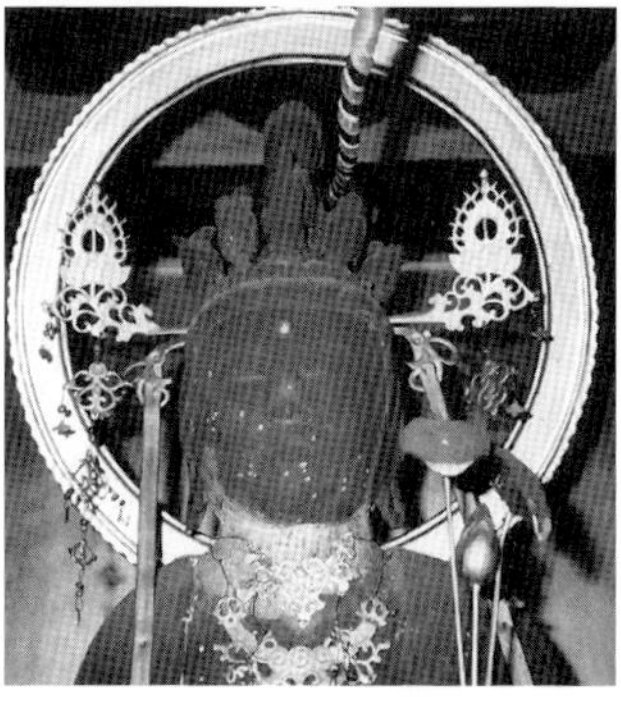

4

5

「花達院縁起《かたついんえんぎ》」

抑《そもそ》も当院の御本尊 聖観世音《しょうかんぜおん》菩薩の尊像は、聖徳太子の御作と唱え伝えられて、由来を尋ぬるに、人王三十四代推古天皇の御代に太子不思議な霊夢を蒙《こうむ》り給い、当国比良山《ひらさん》へ登られ給いて、大樹の樹下にて異霊なる人に逢い給いて、太子驚きて、如何《いかが》なる人やとお尋ねあらば、我は空鉢と言う仙人なり、衆生《しゅじょう》を正法《しょうぼう》に導かんがために此《こ》の地に下り、多聞天王の霊験によりてこの山へ登り、この大樹の下にて誦経《ずきょう》密観しある事年久しき由《よし》を語り、直ちに空中に飛び去り給う。太子これを見聞し、さては夢の告げと思召し歓喜の涙を含み給い、この木にて聖観世音菩薩の尊像を、自ら香をたき一刀三拝《いっとうさんぱい》の禮《れい》をつくされ彫刻し給う。また一宇《いちう》を建立してこの尊像を安置し、比良山花達院と号し給う。その後、桓武天皇の御代に伝教大師勅命を受け比良山をお開きになり、寺院を御建立ありしに、花達院は聖徳太子の開基なる故に、薩埵《さった》の霊験あらたかなりし為、比良山根本院となし給う。然《しか》れ共《ども》、常ならざりし世にして、終いに元亀年中の兵火にかかり、一寺は灰塵《かいじん》となりしが、尊像のみ厳然として火中の中にましまし給う。その後、三昧院叡全阿闍《ざんまいいんえいぜんあじゃ》梨《り》不思議な霊夢を蒙り給いて、里人諸共《もろとも》に、小野村に守り奉り、草堂《そうどう》を建立し、尊像を安置し奉りて、花達院と号し、三十三年目に一度の開扉法要（その後十六年毎に中開扉）をなし奉りて、法味《ほうみ》を捧げて広く諸人に拝禮されるものなり。（後略）

この縁起もまた男子によって朗読された。平成十二年四月十六日。小野の里即ち小野妹子の里は聖徳太子の里。［九］

6

7

8
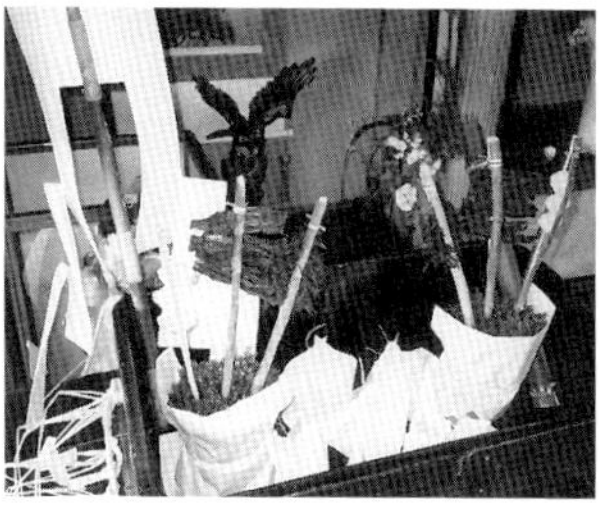

9
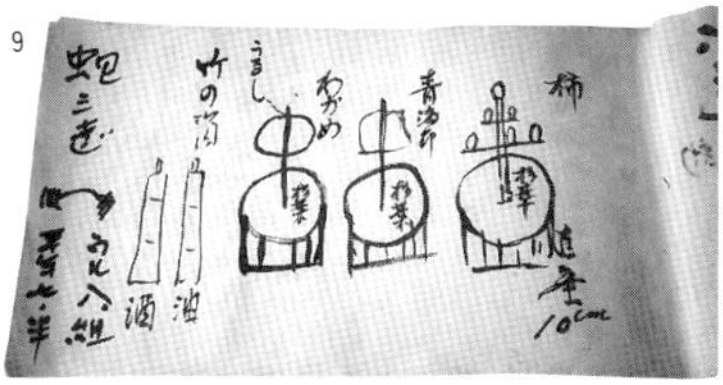

6小野於通《おつう》の御正体《みしょうたい》の坐す黒い箱。［十］

7勧請縄《かんじょうなわ》（蛇《じゃ》）作り。力仕事、技仕事。完成した〝蛇〟は花尻《はなじり》の森、即ち江文《えぶみ》神社の御旅所に飾られた。道を隔てて向かい側には於通の〝尾〟が捨てられた高野川が流れる。［十］

8〝尾〟を祀る上野の御神饌。立花《りっか》の起源を思わせる。因みに小野妹子は池坊の祖である。［十］

9〝尾〟を祀る野村の御神饌の図解。［十］

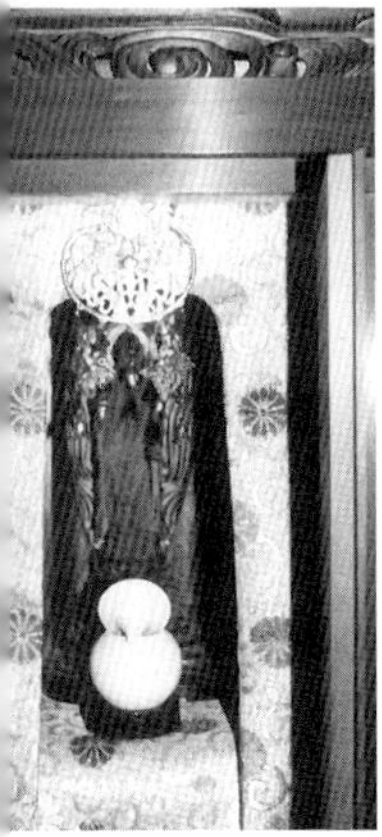

10久保吉郎《きちろう》家門構え。［十二］

11惟喬親王《これたかしんのう》御信仰の薬師如来立像《りゅうぞう》。この仏殿の向かって右には久保家にとって最も神聖な惟喬親王の御像と御位牌が祀られる。［十二］

12雌宮《めんどりのみや》。雲ヶ畑出谷《でたに》町。こちらでも八月二十四日、松明《まつ》上げが行われる。［十二］

13高雲寺（雲ヶ畑中畑町）にも惟喬親王の御尊牌が奉安される。

14高雲寺には親王にまつわる数々の伝承と遺物が保存される。その一つ、親王直筆の「大般若経」（通称、「惟喬般若」）六百巻の一部。［十二］

15大森・長福禅寺。惟喬親王の墓と伝えられる宝篋印塔《ほうきょういんとう》。［十三］

16大森「奥殿《おくどん》」。長本直《おさもとなお》氏敷地内に立つ寵妃《ちょうひ》・牧姫の館跡。現在は親王と姫の墓所となっている。［十三］

17惟喬親王を祀る御霊宮《ごりょうのみや》。薬師堂内、向かって右に安置される。かつて神輿《みこし》であった。今は、社として親王の木像を祀るという（秘仏）。［十三］

18木造如来形立像。像高一六一・二センチメートル。衣紋《えもん》に特異な表現を持つこの仏を、井上正氏は薬師如来ではないかという。［十三］

19木造天部形立像。一〇二・二センチメートル。ガキ大将を思わせる御顔を持つ

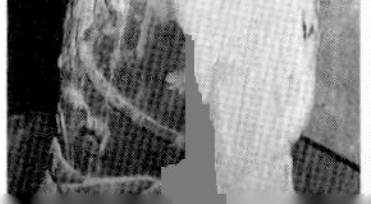

この像は四天王のお一人とされるが……「童子像」というイメエジ。親王と牧姫との御子《みこ》、夭折《ようせつ》の若宮・歌麿王を思わせる。

かつての「安楽寺」は今はささやかな御堂である。薬師如来座像を中央に、右・位牌、左・僧形座像を配置。

御本尊の薬師は、まるで親王像の如く祀られる。この薬師・如来・天部・僧が坐す一団の向かって左には、神輿とは別に「御霊宮」が鎮座する。大森・薬師堂は、総て「御霊宮」――妖しい気配。［十三］

20「小野宮《おののみや》」。帰雲庵《きうんあん》内。帰雲庵は蛭谷《ひるたに》、筒井正八幡宮の別当寺《べっとうじ》であった。今も筒井神社の石段下にあって、宝物を擁する。［十四］

21「小野宮」の主祭神・惟喬親王像。向かって右の御厨子《おずし》には御尊牌が祀られる。［十四］

22惟喬親王の家臣、小椋《おぐら》（藤原）実秀《さねひで》像。向かって左の御厨子に坐す。［十四］

23一月八日。「八日祭《ようかまつり》」の御神饌。［十四］

24御神饌は古風を守る。向かって左に「ハタキ御供《ごく》」と「ユヅクリ」。右に御神酒。手前に昆布と榧《かや》の実。［十四］

25能太鼓を披露する小椋正美《まさみ》氏。［十四］

26（二点）「八日祭」の前日、山の神を祀る。元宮の近くにある山の神は化粧され、供物が捧げられた。この神を地元の人は「タツを祀る」と言い、山神・水神として崇めて来た。その飾りは、「オツイ」という木の先端が「┐（鍵型）になっているものを一メートル余りの長さに伐り、それを注連縄に引っ掛ける。「オツイの木」には藁苞が吊され、中には川原で拾った小石二個を入れ、ヒノキ葉を挿している。この「オツイの木」は蛭谷の戸数分吊す。平成十一年は三本であった。

供物は「タイガ」という名の人形《ひとがた》という。半紙にくるまれていて、見てはならぬものとされている。作り手は中老《ちゅうろう》。

この山の神を惟喬親王は大変信仰したという。ただ『小野宮御偉績考《ごいせきこう》』巻中には、この山の神の御祭神は大木主膳重春《おおきしゅぜんしげはる》という木地・挽物《ひきもの》に力を尽せる宮の臣とある。

22

21

25

24

23

26

20

この人が元慶三年二月に病死したので、親王は深く哀しみ、祠を建て山神と為したという。以来、木地職人の崇敬を集め、命日には祭を行ったとある。そうしていつの頃よりか、参る人々、袖中にヲコゼ魚を隠し、チラリと見せて祈念すれば、願い事叶うというのでみなみな一寸八分ほどあるヲコゼを袖中へ携えて参拝した。ヲコゼは山の神の好物である。［十四］

27高松御所。即ち金龍寺。本尊・阿弥陀如来とは別に、帰雲庵と同様、惟喬親王の御尊像を祀る。尊像の両脇には、小椋実秀と大蔵惟仲《おおくらただなか》が坐す。［十四］

28親王講は全国の木地師で組織された。［十四］

29杉阪の道風神社の西北に鎮座する桃源山地蔵院。入口には手島右卿氏の「桃源山」の石碑。道風神社の神宮寺・明王寺が明治二年廃寺になると、その什物《じゅうもつ》は地蔵院に移った。［十六］

30惟喬親王の念持仏《ねんじぶつ》と伝えられる地蔵菩薩立像。地蔵院蔵。なぜ、道風或いは篁縁《ゆかり》の寺に惟喬親王？

　この地からは朝廷にゴボウ・長芋を献上するのが常例となっていた。［十六］

31小野篁と紫式部の墓所。小野篁の墓が、なぜここにあるのかを刻した古い碑文が建つ。表通りは堀川通。京のメインストリート。賑やかにぎやか。しかし殆どの人が紫式部の墓には詣るものの、篁はその存在さえ知られぬまま見過ごされてゆく。［十五］

32補陀洛寺《ふだらくじ》、通称小町寺の「小野小町老衰像」。半跏《はんか》像（左足を垂らす）で、右手に旅の杖を持つ。小野の随心院の御像と

26

28

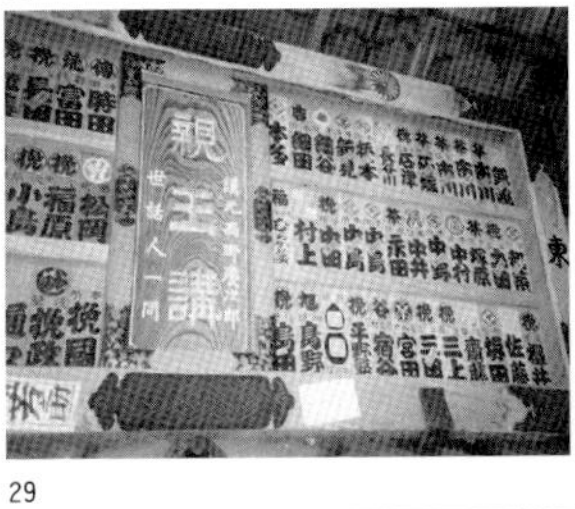

27

29

30

31

32

33

34

35

比べると細身で、肋骨が修行僧のようである。［十七］

33欣浄寺《ごんじょうじ》に坐す深草少将《ふかくさのしょうしょう》。こちらも「文張像」。手紙は呪物。［十七］

34世に「伏見の大仏」と称されるビルシャナ仏。今はやや寂しい御姿で、本堂に窮屈そうに坐す。深草少将屋敷跡・欣浄寺は不思議な寺。［十七］

35玉津岡《たまつおか》神社、摂社・橘神社。洛西梅津《らくさいうめづ》の梅宮神社とともに酒の神。そしてどちらも橘氏の氏神である。［十八］

36

37

37

36この石碑の近くには、橘諸兄《たちばなのもろえ》の屋敷跡があったという。かつてそこには、天皇・皇子・皇女たちが集い、宴が催された。井手《いで》の里の小町の墓は中坊利明氏邸に接して在る。この辺かつて井手寺という何百もの「坊」を抱える巨大な寺があって、「中坊」もその一つという。小町もその中の一坊に住んでいた……。［十八］

37(二点)小野山妙性寺《おのさんみょうしょうじ》。小野小町の小像・位牌・縁起を有す。丹後の小町はなぜか病をいやす女性宗教者となっている。薬師信仰が背後にある。妙性寺の「小野小町縁起」は、小町の一生を綴った長いながい巻物。［十八］

◎妙性寺のある五十河《いかが》への最寄駅は、北近畿タンゴ鉄道「丹後大宮駅」。

○大原、念仏の里

1良忍上人坐像。来迎院。左目が少し小さいように思える。〝神〟のミシルシ。[十九][二十]

2良忍上人御廟。来迎院。[十九][二十]

3阿弥陀石仏。巨大である。来迎院から浄蓮華院《じょうれんげいん》を散策し、勝手明神に詣り、この阿弥陀さまに出会うと、不思議な感覚。因みに、この仏の由来については谷北兼三郎『八瀬大原の栞』に「法華堂より音無瀧に至る路傍に、大なる石佛あり、このあたり、往時《おうじ》炭を焼き初めし、翁の住まひしものなりと、古より大原の炭竈《すみがま》とて和歌に詠ぜらる」とあり、炭焼の翁との関係をいうが、よく解らない。五来重は「木喰《もくじき》上人」の作仏との関係を指摘していた。即ち、木喰上人の仕事の一つは大なる「石の仏」を刻すこと、と。[十九][二十]

1

2

4『融通大念仏縁起』来迎院本。来迎院の本尊は薬師如来。伝行基作。おそらく良忍は現在の浄蓮華院をまず庵室とし、来迎院を、声明の道場として建てたと思われる。浄蓮華院と来迎院は一体のもので、浄蓮華院は、一名「融通大念仏堂」と呼ばれていた。[二十]

5『来迎院本』の特徴として、若杉準治氏は「参詣曼陀羅」の雰囲気を持つ絵といい、さらに作者・土佐行長は「参詣曼陀羅」の描き手より上手《じょうず》の者という。室町の絵巻の良さを伝える絵である。[二十]

3

4
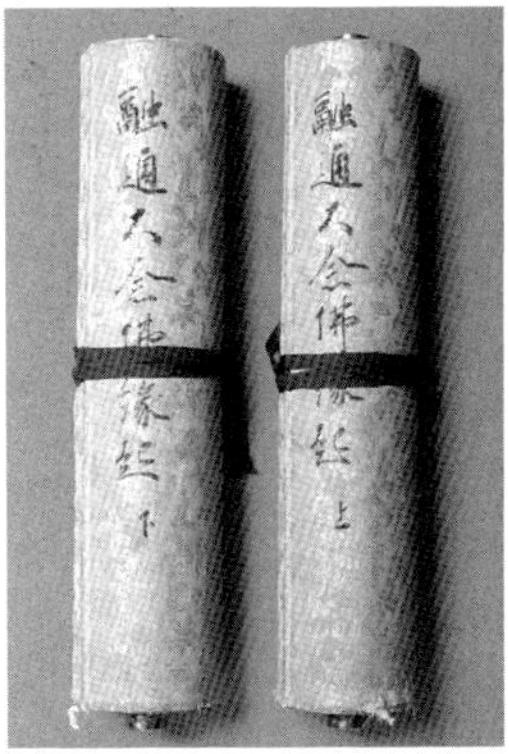

5
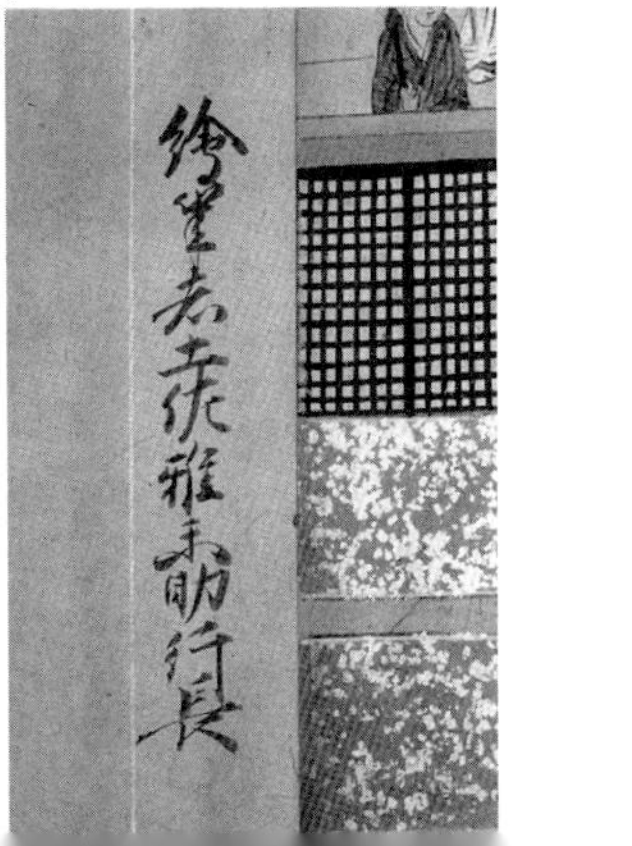

6『融通念仏縁起』三千院本。巻上段七。来迎院本の鳥畜が、犬・兎・鹿・鼠・雉《きじ》・鳶《とび》・鴛鴦《おしどり》と多数描かれるのに対し、こちらは鳶・鼠の二種。詞書には「鳥畜の類にいたるまで、この善願にくみするよし見えたり」とある。[二十]

7『三千院本』巻下段十。こちらは『来迎院本』に描かれる長柄杓《ながえしゃく》を持ち、賽銭を要求する勧進聖《かんじんひじり》は描かれない。舞台では念仏踊が披露されている。[二十]

8(二点)『来迎院本』巻下段十。融通念仏

6

7

の興行に集う人々。猿曳き、鉢叩《はちたた》きなど、芸能の民が活躍。［二十］

9 大通《だいつう》上人木像。杖を持つ旅姿？　大阪・平野の大源山大念仏寺の良忍上人は御厨子の中に坐す。「大源山」は「大原山」。「大通上人」は良忍上人の御厨子の傍に坐す。［二十一］

10 法明《ほうみょう》上人縁の亀鉦《かめがね》。（写真提供・大念仏寺）法明は亀と因縁深い。浦島太郎よろしく交野《かたの》（かつての郡津《こおづ》の里）では、子供たちに捕まった亀を餅菓子と交換して助けている。この郡津の里は、あの藤原通憲の子・明遍《みょうへん》の明遍寺の在る所。明遍は高野聖であった（明遍は後に法然の弟子となる）。

郡津は香津とも書き、貝原益軒《かいばらえきけん》の『南遊紀行』には、「香津の茶屋（八幡より一里、京より五里余）是よりわざと大道をばゆかずして、東の方梨作村を経て、私《きさ》市《いち》に至る」とある。

また法明はこの地で難産の女性を助けている。但し、法明のしたことは「十念」を称えただけ。しかしその法力見事で、女は無事、男児を出産。これを喜んだ里の人たちは、その場所に地蔵を建て「産《さん》所《じょ》地蔵」と名付けた。この地は散所であった。［二十一］

8

8

10

9

11 杭全《くまた》神社の大楠《くす》。中世から現代までこの奇しき樹は、チマタの神。［二十一］

◎法明上人縁の「教信寺」の所在地は、兵庫県加古川市野口町野口。最寄駅はJR神戸線「東加古川駅」。

◎石清水八幡宮へは京阪電車「八幡《やわた》市駅」下車。

12 京都東山即成院《ひがしやまそくじょういん》の「お練《ね》り」の地蔵面。地蔵のみ、成年男子が被る。［二十一］

11

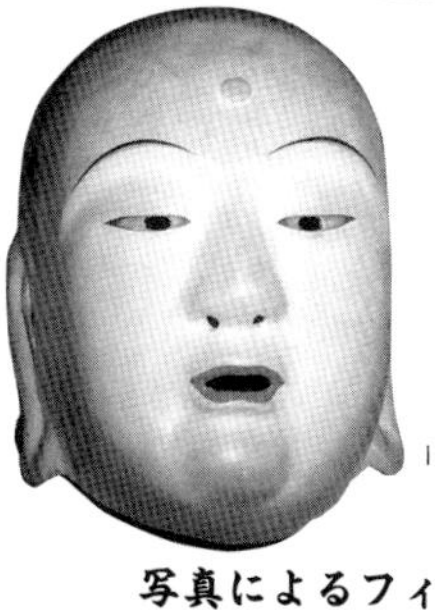
12

13

13那須の与市の墓。即成院。与市は庶民信仰の中では、「あの世」への導師。「ぽっくり」死にたいと望む人々が、「練供養」の日、まずは与市さんにお参りする。
一説に石塔の主は橘俊綱であり、また皇女・宣陽門院は、父の菩提を弔うために与市の領地を寄進している。[二十一]

14踏出《ふみだし》の阿弥陀如来。勝林院。一名、証拠の阿弥陀。勝林院。「大原問答」の時、左足を踏み出して法然の理の正しさの証拠に立たれたという。実際に、二つの蓮華の上に御足を踏み分けていらっしゃる珍しい御姿。[二十二]

15

14

15十一面観音立像。勝林院。北野の天神さんから大原の里へやって来た「かんのんさん」は、庶民信仰の主役。差し出した右手の掌は、黒ずんで、光って、生々しい。[二十二]

16

16宸殿《しんでん》中央に掲げられた「三千院」の扁額。霊元天皇筆。江戸時代。もとは河原町広小路の梶井町にあった「梶井宮御殿」に掲げられていた。[二十三]

17『宮中御懺法講絵巻』一巻。江戸時代。「おせんぼうこう」は現在も、年に一度、五月三十日に、主（天皇）は不在だが、「三千院」の扁額の下で行われる。[十九]

[二十三]

18火雷《からい》天神像。江戸時代。火除《ひよけ》天満宮の御正体であった。それ故、火除天神と通称される。梶井宮の守護神。『三祖略伝』「大通の伝」には、「元禄十五年壬午《みずのえうま》洛陽《らくよう》北野天神の側に円満寺を創立し盛に貴賤を勧めて名帳《みょうちょう》に入《い》らしめ玉《たま》いし」とある。

また「良忍の伝」にも、「北野天神三千

17

遍行者御示現の事」の項があり、融通念仏の上人たちも北野を大変信仰したとある。即ち「(第五世)尊永上人日課三千遍を勤修《ごんじゅ》ありしが殊《こと》に北野天満宮を信仰ありて一七日《いちしちにち》参籠し玉いし」と。天神さんと融通念仏は深い関係にある。[十九]~[二十一][二十四]

「寂光院は大原の草生《くさお》にあり、草生は大原の西北に當れる谷合ひにて、三千院より川をわたり山をめぐりてわけ入れば谷間にひとつの村をなせり、村の中なる谷川をつたひて登ること三四町にして、山の麓に茅葺《かやぶ》きのちいさき寺あり、これ寂光院なり」[二十五]

19寂光院の御本尊、地蔵菩薩立像。大らかで、やわらかく、あたたかい地蔵であった。[二十五]

「此寺は聖徳太子のその母君のため創立せられ、本尊の地蔵菩薩は太子の御作なりといふ、舊記《きゅうき》うせてなければたしかならず、本尊は八尺に餘《あま》れる大像にて、いと殊勝《しゅしょう》なり」[二十五]

18

20建礼門院剃髪《ていはつ》の黒髪で刺繡したと伝えられる「六字の名号」。[二十五]

19

20

21伝建礼門院座像。御本尊の向かって左側に坐した。[二十五]

22伝阿波内侍《あわのないし》座像。御本尊の向かって右側に坐した。[二十五]

21

22

23

「内侍の像は堂内にあり、門院が平家の消息《しょうそこ》をあつめて張子に作らせしものなりといふ」〔二十五〕

23本尊の胎内に納められていた、夥しい数の仏たち。そのほんの一部。御本尊の傍に坐した。〔二十五〕「三寸許《ばかり》なる小像其《そ》の腹内及び背後、左右の棚に充満せり、もと六萬體《ろくまんたい》ありしとぞ、世にこれを六萬體の地藏尊と稱す」〔二十五〕

※引用文は総て『八瀬大原の栞』より。

24

24弾誓《たんぜい》上人植髪《うえがみ》の尊像。古知谷《こちだに》阿弥陀寺。現在は両耳の辺にほんの少し髪の気配が残る程度。上人自刻の御像。阿弥陀寺本堂、正面に安置。〔二十六〕

25「弾誓上人縁起」掛幅《かけふく》。古知谷阿弥陀寺。三幅対《さんぷくつい》の第一幅。弾誓上人の母は天子に仕える美しい人。御簾《みす》の向こうに、〝父〟が坐す。〔二十六〕

26第二幅。弾誓上人の前に次々と出現する魑魅魍魎《ちみもうりょう》。実はその正体、みな仏であった。最後に現出した骸骨は阿弥陀さま。〔二十六〕

27第三幅。弾誓上人は五社《ごしゃ》の神（伊勢・熊野・八幡・住吉・春日）から神道の奥《おう》義《ぎ》を授けられる。しかしその方法は背筋を截《き》り、血を抜いて、そこへ神水《しんすい》を入れるという荒行。〔二十六〕

28第三幅。遠州《えんしゅう》大念仏の図。他の絵巻では失われた場面が古知谷の掛幅に残る。場所は異なるが、「大原の八朔踊《はっさくおどり》」に酷似している。〔二十六〕

27 25
28 26

大原の里の仏さま

大原の里には、立派な仏像がたくさん坐して、里の人々の手で大切に守られている。この仏さまたちが、いつ、どうして、この里へやって来たかは明らかでないが、織田信長の叡山焼き討ちの折、下山した仏さまもいらっしゃる。地区ごとに信仰されるこれらの仏さまは、もう、この里の守護仏、庶民信仰の中で新たな成長を遂げている。

29

29木造十一面観音立像。像高、一六八・七センチメートル。大原上野町「浄楽堂」。九世紀後半から十世紀前半にかけての制作か。惟喬親王の関係遺仏と推定される。

30

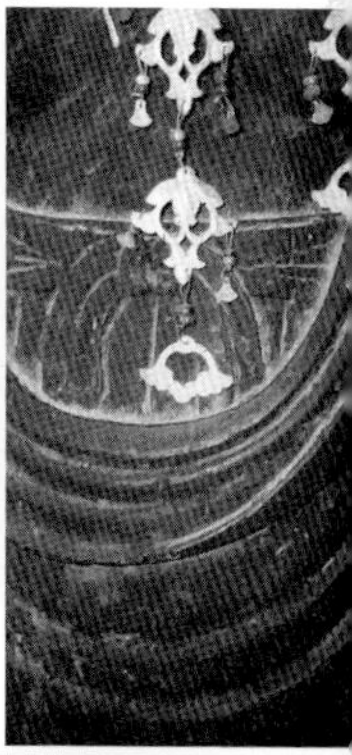
30

30（二点）木造地蔵菩薩立像。像高、九三・五センチメートル。大原来迎院町内御堂。十二世紀後半頃の作。腹部の「結び紐」から俗に「腹帯地蔵」と呼ばれ、今は安産の仏となっている。

31

31木造観音菩薩座像。坐高、九一センチメートル。大原勝林院町「観音堂」。目の〝神〟としての信仰が厚い。毎年八月十八日にご開帳。目を患う者は番茶で観音さまの目をぬぐう。御像の左目下の黒い筋は番茶の汁の跡。涙のよう。

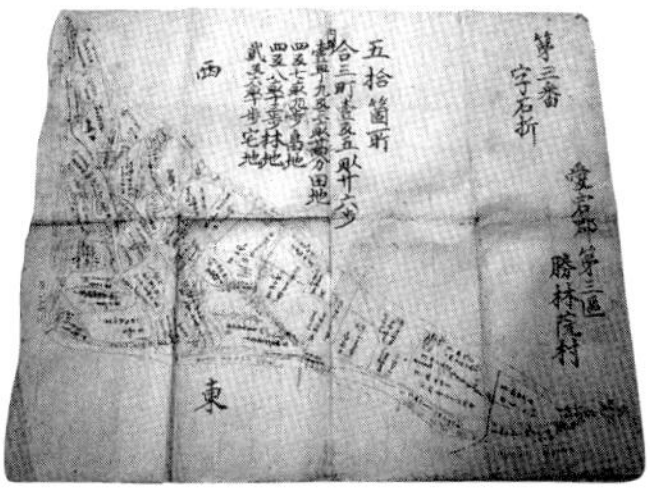

32

32古地図。観音堂所蔵。小字《こあざ》名「石折」は、折口信夫がいうところの「境界」の地を表わす。

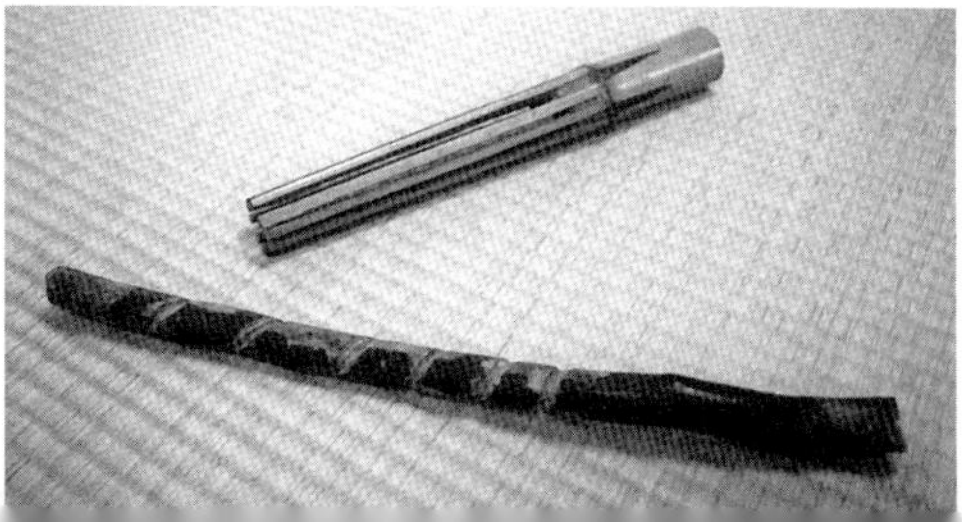
33

33ササラ。観音堂所蔵。かつてササラを用いた芸能が奉納されていたことをカタる。ササラは最も原初的な楽器。

○仏と鬼と神と……

1『鞍馬蓋寺縁起《あんばがいじえんぎ》』（鞍馬寺蔵）の書出し。「漢文縁起」に対し、「かな縁起」と通称された。［二十七］［二十八］

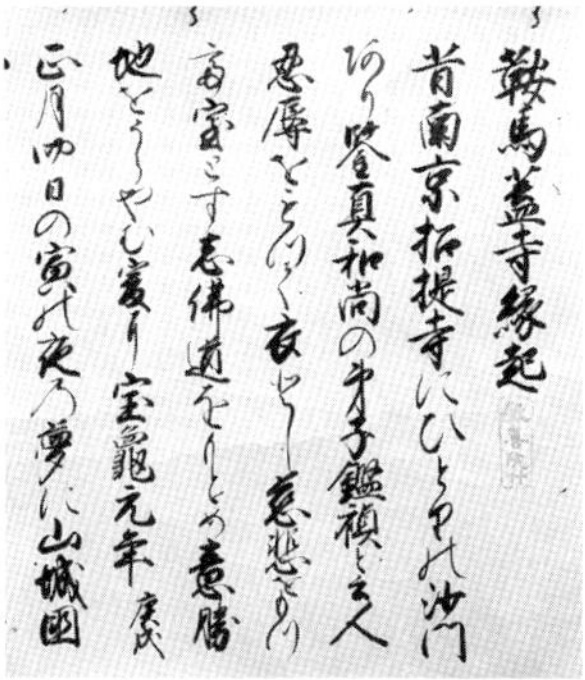
鞍馬蓋寺縁起
昔南京招提寺にひとりの沙門
ありき鑑真和尚の弟子鑑禎と云人
忍辱をころもとし慈悲を
家とす志仏道をもはらとし意勝
地をもとめし處に宝亀元年庚戌
正月四日の寅の夜の夢に山城國

1

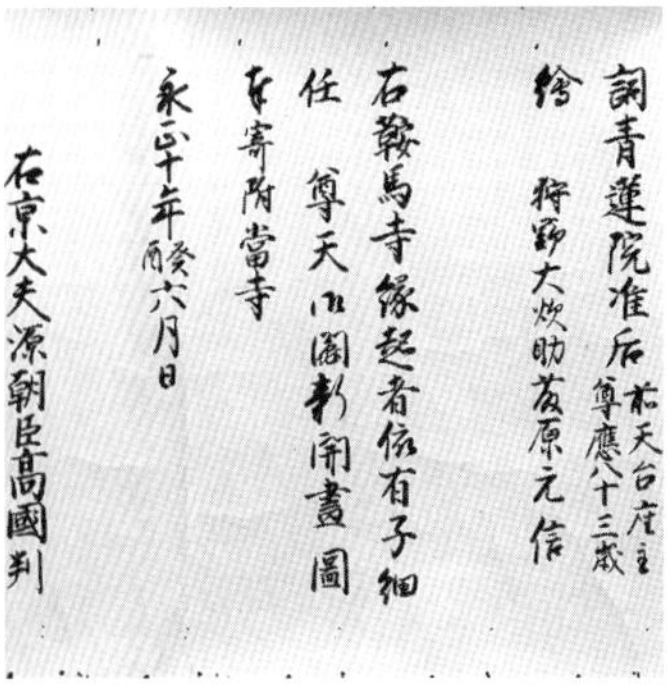
詞青蓮院准后 前天台座主 尊應八十三歳
絵 狩野大炊助藤原元信
右鞍馬寺縁起者依有子細
任 尊天之御告新開畫圖
奉寄附當寺
永正十年癸酉六月日
右京大夫源朝臣高國判

2

2『鞍馬蓋寺縁起』の奥書。「詞　青蓮院准后前天台座主尊応八十三歳　絵　狩野大炊助《おおいのすけ》藤原元信」とある。しかし絵は失われている。

右京《うきょうのだいぶ》大夫源朝臣高国とは細川高国。「群書類従」本には、「右鞍馬寺縁起 以《もって》本寺大蔵院本写《これをうつす》之」と高国の名の前に一行ある。「大蔵院本」には絵があったのであろうか。［二十七］［二十八］

3

3鞍馬寺奥の院、義経堂。義経堂は、ささやかな社。しかし鞍馬寺には数々の義経の遺跡があり、「御伽草子」の世界が、その景《けい》の中に甦る。そして、ここでは、義経は、今も生きていて、遮那王尊《しゃなおうそん》という名で、魔王尊に仕えていると信ぜられている。御神木の大杉の下は冥界への入口。［二十九］

4

4魔王殿前の香炉。鞍馬寺は現在、鞍馬《くらま》弘教《こうきょう》という宗派の総本山だが、かつての天台宗の跡が、そして天狗伝承の跡が、寺紋に残される。ただ「天狗の羽団扇《はうちわ》」は、鞍馬寺では「菊の紋」を横からみたデザインと伝承される。［二十九］

5

6

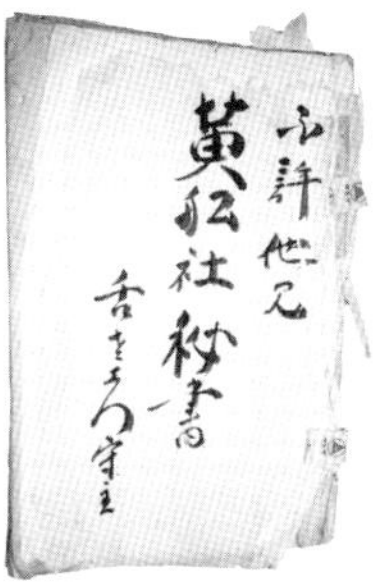

5貴船（黄船）社の社人《しゃじん》・舌勇治《ぜつゆうじ》氏と鏡岩。舌氏は牛一《うしいち》明神の、即ち神の末裔。鏡岩は牛一さんが丹生《にゅう》川上明神からお戻りになった折、「かがん」でいたという岩《いわ》境《さか》。［三十］

6不思議なものがたり「黄船社秘書」（「黄船社人舌氏秘書」）。［三十］

主要寺社・人物・地名・史料等索引

（五十音順。原則として本文各章の初出頁を掲げた。人物名は敬称略）

本書収録主要寺社所在一覧
(数字は章数、特記以外は京都市内)

③〜⑤八瀬天満宮　左京区八瀬秋元町
⑧青龍寺　左京区八瀬秋元町
⑧法然堂　滋賀県大津市坂本本町比叡山東谷
⑨小野神社　滋賀県滋賀郡志賀町小野1961
⑨小野道風神社　滋賀県滋賀郡志賀町小野字村ノ内1222
⑫高雲寺　北区雲ヶ畑中畑町190
⑫惟喬神社（雌宮）　北区雲ヶ畑出谷町211
⑬安楽寺　北区大森東町109
⑮小野篁墓所　北区北大路通堀川通下ル西側
⑯地蔵院　北区杉阪道風町102
⑰随心院　山科区小野御霊町35
⑰欣浄寺　伏見区西桝屋町1038
⑰補陀洛寺（小町寺）　左京区静市市原1140
⑱妙性寺　京都府中郡大宮町五十河1182
⑲・㉓・㉔三千院　左京区大原来迎院町540
⑳来迎院　左京区大原来迎院町537
⑳蓮成院　左京区大原来迎院町539
㉑大念仏寺　大阪市平野区平野上町1-7-26
㉑即成院　東山区泉涌寺山内町28
㉕寂光院　左京区大原草生町676
㉖阿弥陀寺　左京区大原古知平町83
㉗〜㉚鞍馬寺　左京区鞍馬本町
㉚貴船神社　左京区鞍馬貴船町180

本書は、平成10年11月1日～平成11年6月13日まで、京都新聞日曜版に連載された「京都遊行」に加筆し、脚注等を加えました。

京《きよう》都《と》発見《はつけん》 三 洛北《らくほく》の夢《ゆめ》

2001年5月30日発行
2001年6月20日2刷

著　者　梅原《うめはら》　猛《たけし》

発行者　佐藤隆信

発行所　株式会社 新潮社

〒162-8711　東京都新宿区矢来町71
電話　編集部（03）3266-5411
　　　読者係（03）3266-5111

印刷所　日本写真印刷株式会社
製本所　加藤製本株式会社

ISBN4-10-303015-1　C0095